Éthique du développement

Ethique Economique

Collection fondée par François-Régis Mahieu
et dirigée par Jérôme Ballet
et Jean Marcel Koffi

L'éthique rejoint l'économie dans la recherche du bonheur et de la justice pour soi et pour les autres. À cet égard, une attention doit être accordée aux comportements des personnes et aux rôles des institutions. Cette collection concilie recherche et pédagogie, réflexion et action, dans l'optique la plus large possible. Elle accorde une place particulière aux questions au croisement de l'économie et de l'éthique du développement, de l'éthique environnementale, de la justice intra et intergénérationnelle.

Dernières parutions

Emmanuel PETIT, *L'émotion est ce qui nous relie*, 2021.
Damien BAZIN, *Justice environnementale, Vers de nouvelles injustices sociales ?*, 2019.
Barbara KY, *Le travail non rémunéré. Enjeux pour le développement*, 2018.
François-Régis MAHIEU, *Une anthropologie économique*, 2016.
François-Régis MAHIEU, Thierry SUCHÈRE (coord.), *Autour de l'anthropologie économique. Actualité des écrits du professeur André Nicolaï*, 2014.
Jérôme BALLET et Mahefasoa RANDRIANALIJAONA (eds.), *Vulnérabilité, insécurité alimentaire et environnement à Madagascar*, 2011.
Jean-François TRANI (ed.), *Development efforts in Afghanistan: Is there a will and a way?*, 2011.
Arnaud MAIGRE, *De l'éthique en économie*, 2010.
Ali TOUSSI, *Le taux d'intérêt dans un système financier islamique*, 2010.
Ali TOUSSI, *La banque dans un système financier islamique*, 2010.
Jean CARTIER-BRESSON, *Economie politique de la corruption et de la gouvernance*, 2008.
Réseau IMPACT, *Repenser l'action collective. Une approche par les capabilités*, 2008.

Jérôme Ballet

Éthique du développement

Contours, histoire et courants

Préface de Lori Keleher
Postface de François-Régis Mahieu

L'Harmattan

5-7, rue de l'École-Polytechnique ; 75005 Paris

http://www.editions-harmattan.fr/

ISBN : 978-2-14-049450-5
EAN : 9782140494505

Préface

On July 7, 1989, in Mérida, Yucatan, Mexico a group of scholars gathered after the *Second International Conference on Ethics and Development*. They assessed the prevailing "modernization development strategies" of that era as profoundly inadequate. They then voted unanimously to adopt a declaration that reflects their determination to bring about an ethically grounded change in development approaches. This *Mérida Declaration* has two parts. The first part lists necessary ethical principles that provide a sense of what the group understood to be authentic, or ethical, development. The perspicacious list,[1] which was first proposed by a group of Latin American scholars who attended the conference, includes themes that still ground efforts in ethical development today, including the absolute respect for universal human dignity, lasting peace rooted in just distribution of social and material resources, empowerment and agency, sustainable relationships with nature, solidarity with one another, nature, and future generations, and a rejection of top down (colonial) influence and exploitation. The second part of the declaration identifies and pledges to strengthen one of the key roles of the International Development Ethics Association (IDEA), specifically that of bringing together various decision-making groups "with the purpose of constructing an ethic applicable to different 'development' alternatives."

---

[1] Here are the ethical principles listed in the Mérida Declaration: The absolute respect for the dignity of the human person, regardless of gender, ethnic group, social class, religion, age, or nationality. The necessity of peace based on a practice of justice that gives to the great majority access to goods and eliminates the conditions of their misery. The affirmation of freedom, understood as self-determination, self-management, and participation of peoples in local, national and international decision processes. The recognition of a new relation of human beings with nature, facilitating responsible use, respectful of biological cycles and the equilibrium of ecosystems–especially those of tropical forests–and in solidarity with future generations. The stimulus to construct a rationality suited to exploited peoples, one that accords with their cultural traditions, their thought, their interests, and their needs and that involves a new valuing of self-esteem based on their being subjects rather than objects of development.

The democratic approval of *Mérida Declaration* can be and has been understood not only as solidifying IDEA as an association dedicated to a broadly inclusive discussion on the theme of ethics in development, but also as the inauguration of development ethics as a field of study. Pioneers of the field including Denis Goulet, David Crocker, Luis Camacho, and Nigel Dower were all key supporters of the declaration. Goulet is often called the “father of development ethics” (see Dower, 2008 ; Keleher, 2017 ; Gasper and Cubero, 2021), and his work has largely shaped the field. Thus, it is not surprising that introductory narratives about the field of development ethics traditionally start with Goulet, Crocker, IDEA, and the *Mérida Declaration.* Nor is it surprising, that such narratives are typically in English, given that Goulet, Crocker, and other well-known development ethics pioneers spoke, taught, and wrote in English.

In *éthique du development*, Jerome Ballet does more than introduce French readers to the field of development ethics. He breaks with this tradition as he boldly claims that development ethics did not begin with the establishment of IDEA, Crocker, or even Goulet. Instead, Ballet claims that development ethics was “born in France” (p. 3). Ballet is right. Before David Crocker and Luis Camacho launched IDEA (1984), and before Goulet published his seminal text *The Cruel Choice* (1971), Louis-Joseph Lebret (1897–1966) was practicing development ethics.

Lebret is arguably the most influential development ethicist in the world, even if he is not always credited with fruits of his labor (Gasper and Keleher, 2021). Lebret was a French economist and a Dominican priest. Within his lifetime, Lebret worked on development issues and established important and enduring institutional resources that directly influence development in France as well as in several other countries in Europe, Latin America, Africa, and Asia. In addition, Lebret served as the principal investigator for Pope John IV’s highly influential *Populorum Progression* (1967), which laid the foundation for Catholic Social Teaching on development still used throughout the world today. Finally, Lebret was also Goulet’s mentor and through Goulet influenced the anglophone development ethics that is often seen as the beginning of the development ethics narrative. It is worth noting that

Goulet was influenced not only by Lebret, but also by other significant French economist including François Perroux (who Ballet discusses) as well as Destanne de Bernis, Jacques Austruy, Jean-Marie Albertini (Goulet, 1974, p. 103). Thus, Ballet is well justified in claiming that development ethics was born in France.

Yet, as Ballet observes, his *éthique du development* is the first book explicitly dedicated to reflections on development ethics written in French. With this book, Ballet not only introduces French readers to the field of development ethics, but he also brings development ethics home to its native France.

In this important contribution, Ballet draws on the familiar anglophone sources as well as fresh francophone voices as he introduces readers to the field, its motivation, historical and conceptual advances, and some of the key issues and thinkers in development ethics. Ballet does not merely talk about development ethics. He *does* development ethics as he critically engages and extends the field as he makes new and original connections and contributions. To give just one example, Ballet draws on Nigel Dower, David Crocker, Des Gasper, and Paul Ricoeur as he proposes a new definition of development ethics. Ballet holds that:

> « [...] *nous pouvons alors délimiter la visée éthique du développement comme la visée d'une société dont les fins et les moyens du développement conduisent à la vie bonne, dans le respect des personnes, et dans des institutions justes. Comme corollaire, l'éthique du développement sera l'évaluation analytique et normative des moyens et des fins du développement, ainsi que des valeurs qui guident les comportements des personnes, et les critères de justice mis en œuvre. L'éthique du développement appelle ainsi à se référer à des principes ou guides d'évaluation éthique, mais aussi à une analyse approfondie des valeurs et aspirations qui sous-tendent les choix et comportements des personnes* » (p. 17)[1].

---

[1] My translation : "...we can outline the aim of development as the aim of a society whose ends and means of development lead to a good life, with respect for people, and in just institutions. As a corollary, the ethics of development will be the analyti-

Ballet's insightful and rigorous analysis of the field and some of its key issues (including human development and eco-development) ensure that this terrific volume is much more than a mere translation of reflections on development ethics already available in English. Ballet's *éthique du development* not only connects development ethics with its French roots, but is also sure to inspire more French scholars, policy makers, practitioners and activist to work conscientiously to promote authentic development, and not mere economic growth, or mal-development that does not actually improve well-being.

I agree with the champions of the *Mérida Declaration,* with Lebret, Ballet and others who insist that authentic development requires absolute respect for universal human dignity as we seek to promote the good of every person and of the whole person. When we respect universal human dignity, we recognize that every person is equally and inherently valuable. This recognition (re-cognition) that we are neither more nor less valuable than any other human being is a critical first step toward a genuine solidarity with other people. Likewise, when we recognize the inherent value of non-human animals and ecosystems, we stand in solidarity with the so-called natural world.

Solidarity is always intentional. We cannot accidentally or unconsciously stand in solidarity. When we stand in relationships of solidarity, we understand that our own flourishing is bound up with the flourishing of others (human and non-human). Relationships of solidarity are instrumentally valuable to bringing about a more just world. They are also intrinsically valuable to our personal human flourishing. Standing in solidarity allows us to connect with others in a way that is essential to living as whole persons. This is a key part of what Lebret calls the human ascent.

It follows from this understanding that authentic development is not a matter of aid or humanitarian assistance flowing one way from wealthy benefactors or "givers" to the needy poor or "takers". Instead,

---

cal and normative evaluation of the means and ends of development, as well as the values that guide the behavior of people, and the criteria of justice implemented. Development ethics, thus calls for reference to ethical evaluation principles or guides, but also to an in-depth analysis of the values and aspirations that underlie people's choices and behaviors" (p. 17).

development is a matter of people working together in relationships of solidarity to promote the good of every person and of the whole person. Anything less offers only superficial and temporary results, not the enduring social transformation of authentic development.
Let us now – informed by Ballet's *éthique du development* – set our intentions to stand together in solidarity, recognize the dignity of all persons, and advance the work of development ethics.

References

Catholic Church (1967). Encyclical letter (*Populorum progressio*) of His Holiness Pope Paul VI, London, Catholic Truth Society.

Culebro Juárez, Montserrat and Des Gasper (2021). Comparing two pioneers of development ethics: Louis-Joseph Lebret and Denis Goulet, *Journal of Global Ethics*, 17(2), 260-278.

Dower, N. (2008). The nature and scope of development ethics, *Journal of Global Ethics*, 10(2), 249-262.

Gasper, D and Lori Keleher (2021). Investigating L.-J. Lebret as a pioneer of human development thinking and global development ethics, *Journal of Global Ethics*, 17(2), 115-126.

Goulet, D. (1971). *The Cruel Choice: A New Concept in the Theory of Development*, New York, Athenaeum.

Goulet, D. (1974). *A New Moral Order: Studies in Development Ethics and Liberation Theology*. Maryknoll, NY, Orbis Books.

International Development Ethics Association: *Mérida Declaration* (https://developmentethics.org/ accessed May 1, 2023).

Keleher, L. (2017). Toward an Integral Human Development Ethics, *Veritas. Revista de Filosofía y Teología*, 37, 19-34.

Lori KELEHER
New Mexico State University

Avant-propos

Cet ouvrage constitue une introduction à l'éthique du développement. L'idée de son écriture a germé à travers les nombreux échanges que j'ai eus avec des collègues travaillant sur ce sujet en France, en Afrique ou ailleurs. Un fait majeur s'est révélé : l'éthique du développement est née en France, mais aucun ouvrage consacré spécifiquement à cette réflexion n'existe en langue française, alors que de nombreux ouvrages en langue anglaise y sont dédiés. Des ouvrages introductifs existent, à l'image de celui de Des Gasper (2004). Dans cette langue, des ouvrages collectifs faisant le tour des dernières avancées existent également : le collectif dirigé par Charles K. Wilber et Amitava Krishna Dutt (2010) par exemple, ou celui édité par Jay Drydyk et Lori Keleher (2019). Bien sûr, cela ne signifie pas qu'aucun ouvrage de langue française n'ait été publié autour de cette thématique. De nombreux ouvrages consacrés aux questions de développement l'abordent de manière sous-jacente. Ils ne laissent cependant transparaître qu'implicitement les questions d'éthique, peut être parce que l'éthique, par assimilation à la morale, renvoie à l'idée de jugements non scientifiques, qui, par nature, ne pourraient faire l'objet de débats argumentés.

Si au niveau international, le mouvement s'est largement développé, il reste encore beaucoup à faire en France pour lui donner une assise conséquente. Cet ouvrage espère pouvoir y contribuer.

En 2005, avec plusieurs collègues, notamment Jean-Luc Dubois et François-Régis Mahieu, nous avons créé le Fonds pour la recherche en éthique économique (https://www.ethique-economique.fr) pour faciliter l'organisation de la conférence internationale autour des travaux sur l'approche des capabilités, approche que l'on doit à Amartya Sen, avec l'UNESCO. Lors de cette conférence, nous avons tissé des liens avec l'International Development Ethics Association. Cette association regroupe les chercheurs du monde entier qui travaillent sur cette

thématique. Leurs encouragements à poursuivre la tradition initiée en France a constitué une motivation indéniable.
Cet ouvrage doit beaucoup à de nombreux collègues. Je remercie d'abord les collègues du Fonds pour la recherche en éthique économique, en particulier Damien Bazin, Jean-Luc Dubois, Marie-France Jarret, Alice Kouadio, François-Régis Mahieu, Denis Requier-Desjardins. Je me dois de remercier aussi les nombreux collègues avec lesquels j'ai travaillé dans différents pays, notamment en Afrique, en particulier, outre Alice Kouadio déjà mentionnée, Bilal Hamzetta, Jean Marcel Koffi, Boniface Komena, Kevin Lompo, Mahefasoa T. Randrianalijaona, Patrick Rasolofo. Enfin, je remercie mes collègues de l'International Development Ethics Association pour leur soutien et les discussions, plus particulièrement Jay Drydyk, Des Gasper, Lori Keleher, et Eric Palmer.

1
Introduction

> « Marcher dans l'obscurité est toujours déroutant et hasardeux. [...] Lorsqu'ils [les dirigeants] cherchent, pour orienter leurs décisions, des principes clairs et réalistes qui s'adaptent à ce monde de tensions multiples et permanentes, ils tombent dans un grand vide : au lieu de pouvoir prendre des 'risques calculés', ils se trouvent obligés, faute de doctrine sûre, de n'envisager que des risques aveugles. Surtout, en matière de développement, on cherche en vain un corps cohérent de principes-guides, capables d'éclairer les hommes politiques. [...] Dans ce domaine si important qu'est le développement, l'éthique, si étrange et anormal que cela paraisse, n'a pas su jusqu'à présent assumer ses pleines responsabilités et commencer à jouer son rôle normatif », (Goulet, 1960, p.10).

Ce sont en ces termes que Denis Goulet (1960) entamait un de ses premiers articles sur l'éthique du développement. Dans ce même article, il entend promouvoir une morale pratique du développement. Cette morale pratique ne peut se contenter des dénonciations. Certes, « le développeur, ..., doit veiller à ne pas démolir plus qu'il ne construit » (Goulet, *Ibid.*, p.19), mais cela suppose de mettre en évidence les obligations de chacun, les conflits de valeurs, et en conséquences les principes qui doivent guider l'action. L'éthique du développement ne serait se cantonner à une approche critique. Elle est une combinaison d'observations rigoureuses de situations, de démarches analytiques, et de propositions normatives. Elle doit accorder une place toute particulière aux valeurs des gens, parce qu'il ne paraît guère possible de poser la question des choix à envisager pour une société sans en même tant caractériser les personnes à qui l'on s'intéresse et les valeurs dont elles sont porteuses. Les experts du développement font souvent l'erreur d'oublier les valeurs des personnes. Or, cette erreur est fatale pour le bon déroulement du processus de développement qu'ils envisagent. Ils ne sont que des cyclopes qui ne voient les choses que d'un œil (Goulet, 1980).

Le développement procède d'une longue histoire, qu'il serait vain de vouloir résumer ici[1]. Probablement que l'éthique du développement est née avec la notion de développement elle-même. Mais elle a pris une tournure remarquable à partir des années 1950. Globalement, et pour résumer l'enjeu essentiel porté par l'éthique du développement, on peut dire qu'elle donne une priorité à la personne sur les agrégats économiques. Certes, la consommation nationale, le revenu national, etc., sont des enjeux économiques considérables, mais ils ne sont que des concepts mesurables et mesurés, non des personnes vivantes. Or l'éthique du développement s'intéresse au développement sous l'angle des personnes vivantes, de leurs conditions de vie, des valeurs qui les guident, de leurs souffrances. Les agrégats économiques ne sont au mieux que des représentations très imparfaites des conditions de vie des populations. Ils sont même souvent en décalage par rapport aux ressentis des populations, à leurs souffrances et espérances. Encore faut-il bien considérer que les populations ne se réduisent pas à l'individu désincarné des théories économiques. À fonder des concepts et agrégats sur la base d'individus représentatifs désincarnés, on ne peut que laisser de côté des dimensions essentielles de leur vie. Les populations sont des personnes dignes et souffrantes, affectées par des valeurs et des normes qui impactent leurs comportements et leurs choix économiques. Poursuivre des politiques économiques et de développement sur la base d'agrégats désincarnés conduit inévitablement à un décalage entre la représentation du développement par les indicateurs économiques et la vie que vivent et désirent vivre les gens. L'éthique du développement s'attèle à proposer des critiques des modèles ou des projets de développement, sur la base de leurs effets indésirables sur les populations ou leur environnement, mais également sur la base d'une meilleure compréhension des comportements des personnes, et formule des propositions normatives pour un développement plus en conformité avec les désirs de vie des gens.

[1] Cowen et Shenton (1996) font par exemple remonter la question du développement à l'école saint simonienne (Saint Simon : 1760-1825).

Bien sûr, il ne faut pas comprendre développement seulement comme une problématique spécifique aux pays dits en développement[1] ; bien qu'indéniablement les écrits sur l'éthique du développement soient consacrés pour la très grande majorité à ces pays. De même, il ne faut pas restreindre l'éthique du développement aux questions de pauvreté ou d'économie du développement au sens habituel de ce dont traite l'économie du développement. Les enjeux relatifs aux défis environnementaux et au changement climatique sont des thèmes essentiels des réflexions éthiques sur le développement. D'ailleurs, séparer les questions de développement des questions environnementales et climatiques n'a guère de sens. L'augmentation des températures de 1.5°C pourrait entraîner 122 millions de personnes dans l'extrême pauvreté (Hallegatte et Rozenberg, 2017). Et si la température atteignait 2°C de plus, quelques centaines de millions de personnes en plus seraient poussées dans le dénuement le plus total (Byers et *al.*, 2018). Les derniers rapports du GIEC estiment possible un réchauffement atteignant +4°C, avec des conséquences dévastatrices. À l'heure du changement climatique, l'éthique du développement porte aussi sur les enjeux environnementaux. Elle pose avant tout la question : « qu'est qu'un bon développement » ? Elle analyse les processus et les problèmes de développement à l'aune des réponses à cette question.
Dans son ouvrage remarquable, *The Language of Morals*, Richard M. Hare (1952) posait la question du sens des mots tels que « bon » ou « bien ». Il nous dit que le mot « bon » possède à la fois une signification descriptive et une signification évaluative. Tandis que la signification évaluative consiste à faire l'éloge de l'objet que nous considérons bon, la signification descriptive s'appuie sur un ensemble de caractéristiques.

> « [...] la signification évaluative est constante pour toute catégorie d'objets à laquelle le mot est appliqué. Quand nous appelons 'bon' un chronomètre, une automobile, une raquette de tennis ou une photo, nous faisons l'éloge de tous ces objets. Mais parce que nous le faisons pour une raison différente à

[1] On dirait actuellement plutôt pays des suds. Dans l'ouvrage l'appellation pays en développement, pays des suds, et parfois pays du Sud seront utilisés indifféremment.

> chaque fois, la signification descriptive est différente dans chaque cas. Depuis notre plus jeune âge, nous avons conscience de la signification évaluative de 'bon'. Toutefois, à mesure que croissent les classes d'objets dont nous nous appliquons à reconnaître les vertus, nous apprenons constamment des nouvelles significations descriptives » (Hare, 2003, p.142).

En parlant d'un *bon* développement, nous indiquons un développement que nous jugeons louable. Mais ce type de développement dont nous faisons l'éloge possède certaines caractéristiques descriptives. Il n'y a toutefois aucune raison de penser que les caractéristiques sont immuables. Ce que nous considérons comme bon à un moment donné peut changer dans le temps parce que nos repères sur ce qui est bon ont changé. Ils ont changé, soit parce que nous n'étions pas conscients que certaines caractéristiques sont inadaptées ou inappropriées, soit parce que le contexte a changé et que, de ce fait, les caractéristiques descriptives doivent aussi évoluer. L'histoire de l'éthique du développement est aussi l'histoire de ce que nous considérons comme des caractéristiques appropriées pour qualifier le développement de *bon*.

Cet ouvrage propose une lecture des contours, de l'histoire et des courants de pensée de l'éthique du développement. Il s'agit du premier volume. Un deuxième volume sera consacré aux questions de droit au développement et de responsabilités à l'égard du développement.

La première partie dresse les contours et l'intérêt de l'éthique du développement. La deuxième partie revient sur l'émergence de ce champ de pensée. La troisième partie analyse sa structuration et son évolution récente.

Partie 1
Contours

> « Il y a lieu encore de distinguer croissance économique saine, c'est-à-dire authentiquement humaniste, et croissance économique déviée, c'est-à-dire antihumaine. [...]. Le développement non fallacieux est une croissance généralisée de tout l'humain-chacun des hommes et tout dans l'homme » (Lebret, 1960, p.137).

En 1960, la mer d'Aral était la quatrième plus grande zone de concentration d'eau intérieure du monde. Malgré des changements selon les saisons, son niveau était relativement stable. Le gouvernement de l'Union des Républiques Socialistes Soviétiques décida de dévier les rivières Amu et Syr alimentant la mer afin de développer l'agriculture irriguée dans les pays avoisinant. En quelques années le niveau de l'eau chuta drastiquement, et sa surface se trouva divisée par cinq (Micklin, 2007). Des centaines d'espèces animales disparurent. Mais ce ne fut pas qu'un drame écologique. Les populations vivant autour, et de la mer, en furent aussi victimes. Touchées par la perte de leurs revenus issus de la pêche, elles ont sombré dans la pauvreté (Crighton et *al.*, 2003). Avec cette dernière, les problèmes de sous-nutrition et d'anémie, de maladies diarrhéiques, mais aussi de contamination par les résidus de pesticides utilisés dans l'agriculture, explosèrent. Les enfants en furent les premières victimes et le taux de mortalité infantile connut un accroissement dramatique en quelques années (Crighton et *al.*, 2011). Le développement économique avait tué des centaines de personnes et rendues malades et affaiblies des milliers d'autres. Est-ce là un bon développement ? Assurément non.

L'éthique du développement entend non seulement mettre en évidence ce genre de drame, mais aussi interroger plus généralement le développement économique en le confrontant aux impacts qu'il produit sur les populations et leur environnement. Il peut s'agir de l'environnement immédiat, mais aussi des effets du développement d'un pays ou d'une région sur un autre pays ou région. Le changement climatique est une illustration parfaite des interdépendances des économies qui obligent à repenser le cadre global du développement au nord

comme au sud. « Nous envisageons désormais le pire des scénarios, dans lequel nous serions contraints de nous relocaliser avec la submersion de nos terres » expliquait, le 9 novembre 2021, Simon Kofe, chef de la diplomatie de l'archipel polynésien des Tuvalu. L'archipel, menacé de submersion face à la montée des eaux liée au changement climatique, cherche désormais des voies juridiques pour continuer d'exister même s'il devait disparaître. Simon Kofe de déclarer : « Nous explorons des voies juridiques qui nous permettraient de garder la propriété de nos zones maritimes et de conserver notre reconnaissance en tant qu'État dans le cadre du droit international. C'est ce que nous sommes en train de faire, pour préparer notre avenir »[1].
Comme l'illustre ce cas, l'éthique du développement renvoie à des considérations pratiques. Elle ne se veut pas une réflexion éthique déconnectée de la réalité, dans laquelle des philosophes enfermés dans leur sphère mentale deviseraient sur des critères idéals. Elle porte, au contraire, une réflexion qui vise à faire changer nos pratiques. Pour cela, elle s'appuie sur des analyses documentées et des arguments éthiques. Il s'agit d'une éthique pratique. Comme le relève fort à propos le philosophe Peter Singer :

> « L'éthique n'est pas un système idéal, noble en théorie, mais qui ne vaudrait rien en pratique. C'est l'inverse qui est vrai : un jugement éthique qui ne vaut rien en pratique doit certainement souffrir de quelques défaillances théoriques, car tout l'intérêt d'un jugement éthique est justement de guider la pratique » (Singer, 1997, p.14).

Cette première partie dresse les contours de l'éthique du développement. Elle propose une définition et revient sur l'intérêt de la démarche d'un point de vue théorique comme pratique.

[1] https://www.france24.com/fr/asie-pacifique/20211109-les-%C3%AEles-tuvalu-en-qu%C3%AAte-d-une-voie-l%C3%A9gale-pour-exister-en-cas-de-submersion.

2
Qu'est-ce que l'éthique du développement ?

Dans le monde, 13% des enfants souffrent de dépérissement suite à des carences nutritionnelles, 6,6 millions d'enfants décèdent avant l'âge de 5 ans, dont la plus grande partie du fait de causes aisément évitables[1]. Le développeur, ou l'économiste du développement peut-il faire comme si cela ne le concerne pas. Les politiques préconisées dans les pays en développement ont parfois des effets dévastateurs sur les populations. Les politiques d'ajustement structurel des années 1990 en Afrique ont affecté durablement la vie des femmes, au point où un renversement de tendance sur l'évolution de leur taille s'est produit. Les cohortes de jeunes femmes grandissant durant cette période sont de plus petite taille que les cohortes qui ont grandi avant et que celles qui ont grandi après. La chute du revenu et la sous nutrition en sont les causes (Garenne, 2011).

En 1994, 800 000 personnes sont mortes dans le génocide du Rwanda, alors considéré comme le « bon » élève de l'Afrique par la Banque mondiale, pour l'application rigoureuse des recommandations de politique économique des institutions internationales. Bien qu'il ne soit pas possible d'établir un lien de causalité déterministe entre les politiques préconisées par ces institutions et le génocide qui s'est produit, les politiques de développement ont sans conteste favorisé l'explosion de la situation sociale (Ballet et *al.*, 2007). David Stuckler et Sanjay Basu (2014) ont montré avec brio que les politiques d'austérité contribuent à l'augmentation des décès, des dépressions, des maladies, et à d'autres phénomènes socialement et humainement négatifs. Ils soulignent, preuves à l'appui, à partir de la Grande Dépression des années 1920-1930 aux États-Unis, de la crise postcommuniste des anciens pays du bloc de l'Est, de la crise asiatique de la fin des années 1990,

[1] Ces chiffres proviennent des rapports de l'UNICEF.

de la crise islandaise de 2008, ou encore de la crise de la dette en Grèce, que ce sont moins les crises qui produisent des effets délétères sur les gens que les politiques qui les accompagnent. Ces résultats devraient alerter les décideurs. Les développeurs et les économistes du développement peuvent-ils continuer à penser que les conséquences humaines de leurs préconisations n'ont pas d'importance ?
En introduction à un article défendant l'intérêt du champ de l'éthique du développement, Des Gasper (2006a) soulignait que le développement tel qu'il se produit, fondé essentiellement sur des valeurs occidentales, et dans le cadre actuel d'une globalisation envahissante, est à la fois l'objet de multiples contestations et l'acceptation de progrès significatifs dans la lutte contre la pauvreté et les maladies. Les tensions, entre les positions de rejet d'un côté et les attentes de l'autre, transcrivent fondamentalement le besoin de délimiter ce qui est bien ou non ; et finalement appellent à une réflexion éthique.

1. Une définition

Contrairement à des éthiques modernes telles que l'éthique des affaires ou encore l'éthique médicale, l'éthique du développement peine à trouver une définition claire. Elle s'articule néanmoins sur un ensemble de questions du type :

- Qu'est ce qui devrait compter comme (bon) développement ?
- Devrait-on continuer à utiliser le concept de développement plutôt qu'un autre, comme par exemple le progrès, la transformation, la libération, etc.?
- Quels devraient être les buts et les stratégies économiques, sociaux et culturels de base d'une société, et quels principes devraient informer la sélection de ces buts et stratégies ?
- Quelles sont les questions morales qui émergent dans l'élaboration des politiques et pratiques du développement et comment doivent-elles être résolues ?

- Comment les charges et les avantages du développement doivent être conçus et distribués ?
- Qui (ou quoi) devrait être responsable de la réalisation du développement ? Une nation, un gouvernement, la société civile ou le marché ? Quel rôle, le cas échéant, devraient endosser les institutions internationales, les associations non gouvernementales et les individus les plus influents dans le développement des pays pauvres ?
- Quels sont les obstacles locaux, nationaux et internationaux les plus conséquents pour un bon développement ?
- Dans quelle mesure le scepticisme ou le relativisme moral, la souveraineté nationale et le réalisme politique posent un défi à une réflexion éthique transfrontière ?
- etc[1].

Si le développement est souvent conçu comme un processus économique, l'éthique du développement apporte un éclairage sur les valeurs liées à ce processus en interrogeant principalement ce qui, dans une société, peut et doit être conçu comme une vie bonne. Ainsi, Nigel Dower (2010) propose de définir l'éthique du développement en référence à l'éthique en général. Si l'éthique renvoie à la question « comment devrais-je vivre en tant qu'individu ? », l'éthique du développement fait naître l'interrogation « comment une société devrait exister et se développer dans le futur ? ». Une telle définition reste cependant trop imprécise en ne mettant pas en évidence la problématique des moyens et des fins du développement. Il est en effet possible d'interpréter la question « comment une société devrait se développer ? », soit comme « quels moyens une société devrait utiliser pour se développer ? », soit comme « quelles fins une société devrait poursuivre pour se développer ? ». Or, une réponse à la première question n'implique pas une réponse automatique à la seconde et réciproquement. La définition proposée par David Crocker (1991, p.457) est de ce point de vue plus précise : « Par éthique du développement, j'entends l'évaluation normative ou éthique des fins et des moyens du

[1] On trouve une liste de ce type de questions dans Crocker D. (1996, p.3).

développement du Tiers monde et du développement global »[1]. Elle reste néanmoins marquée par une appréciation très normative et ne prend pas en compte un élément essentiel de ce champ d'analyse qu'est la considération des valeurs des personnes ; un aspect majeur de l'éthique du développement qui est souligné par ses fondateurs (*cf.* infra).

Pour cette raison, il nous semble que la définition offerte par Paul Ricoeur (1990, p.204) de la visée éthique est parfaitement adaptée. La visée éthique est « La visée de la vie bonne, avec et pour autrui, dans des institutions justes ». Appliquée au développement, nous pouvons alors délimiter la visée éthique du développement comme *la visée d'une société dont les fins et les moyens du développement conduisent à la vie bonne, dans le respect des personnes, et dans des institutions justes*. Comme corollaire, l'éthique du développement sera *l'évaluation analytique et normative des moyens et des fins du développement, ainsi que des valeurs qui guident les comportements des personnes, et les critères de justice mis en œuvre.*

L'éthique du développement appelle ainsi à se référer à des principes ou guides d'évaluation éthique, mais aussi à une analyse approfondie des valeurs et aspirations qui sous-tendent les choix et comportements des personnes.

2. La question des fins et des moyens

S'interroger sur ce qui est bien ou bon en matière de développement revient évidemment à se demander ce qui est visé. Le développement est une visée humaine et, pour cette raison, il est nécessairement marqué par ce que les hommes désirent promouvoir ou atteindre. Il peut s'agir d'une simple augmentation de la richesse mesurée par la croissance économique, d'une augmentation du sentiment de bonheur, d'une amélioration de la qualité de la vie, etc. Tous ces objectifs peuvent s'avérer partiellement compatibles, mais aussi partiellement incompatibles. Nous ne saurions poser la question du développement

---

[1] Ma traduction de : "By development ethics I mean the normative or ethical assessment of the ends and means of Third World and global development".

sans nous demander « pour quoi » et plus fondamentalement « pour qui ».

Une visée humaine rationnelle

Du fait de l'interaction entre ces questions, le « pour quoi » ne se réduit pas à une fin qui ne serait pas en même temps chargée de valeurs. Quand nous demandons à quelqu'un « pourquoi plantes-tu des clous ? », nous attendons une réponse du type « pour accrocher un tableau » ou encore « pour faire tenir telle ou telle chose ». Nous ne nous attendons pas à ce qu'il réponde parce que cela améliore grandement mon bonheur ou la qualité de ma vie, bien qu'au bout du compte, le fait de disposer d'un tableau chez soi puisse procurer un sentiment d'accroissement du bonheur ou de la qualité de la vie. Dans ce cas, la question « pourquoi » se résout en elle-même parce quelle ne suppose pas « pour qui ». Bien sûr, nous pourrions être surpris de la réponse si la personne à qui nous avons demandé pourquoi elle plante des clous était du type « parce que mon conjoint m'a demandé de le faire ». La question pourquoi se retrouve renvoyée sur le « pour qui ». Mais dans ce cas, l'interaction entre le pour quoi et le pour qui reste ouverte. Après tout, notre interlocuteur peut planter un clou pour répondre à la demande de son conjoint sans se soucier de ce que veut son conjoint.

En matière de développement, l'interaction entre ces deux questions ne peut être éludée. Quand nous nous demandons pourquoi le développement, nous voulons dire « en vue de quoi » qui implique la notion de visée. Et parce que le développement est une institution humaine, conçue par l'humain en vue d'une visée humaine, il n'a de sens que dans l'optique de la satisfaction de la visée humaine. Certes, la visée humaine du développement peut faire l'objet de débats, mais cela n'exclut pas la possibilité d'éliminer certaines visées non rationnelles.

Imaginons que nous cherchions à grossir démesurément. Nous pourrions atteindre un tel objectif en mangeant toute la journée des produits saturés de graisses et de sucres de mauvaise qualité. Nous pourrions dire qu'étant donné notre objectif, notre comportement est rationnel. Mais en même temps, nous devrions admettre que notre objectif n'est pas rationnel, puisque grossir démesurément affecte notre santé et qu'il est rationnel que nous nous en souciions. Ainsi, bien qu'il ne soit pas aisé de déterminer quelle visée humaine est associée au développement, et que des controverses puissent se perdre en conjectures sur ce qu'il vise réellement, au moins certaines options peuvent être éliminées.

Imaginons maintenant que le développement se résume à la croissance économique et que notre objectif soit de faire croître démesurément l'économie. Un tel objectif est-il rationnel s'il affecte négativement la vie humaine au point de lui faire perdre une bonne partie de ce qui lui garantit sa pérennité ? La croissance économique démesurée ne serait-elle pas simplement irrationnelle ? Il existe assez de travaux pour prouver qu'il en est ainsi. Il suffit de penser aux effets délétères majeurs que la croissance économique produit sur la pérennité de notre planète. Les rapports successifs du GIEC mettent en évidence les effets nocifs de la croissance économique sur notre planète et les dégradations des conditions de vie qui en découlent potentiellement pour des millions de personnes. La croissance ne peut être une fin rationnelle. Bien sûr, elle peut être considérée comme un moyen de réaliser cette fin. Supposons que cette fin soit l'amélioration des conditions de vie ou une meilleure qualité de vie. Encore faut-il qu'elle soit compatible avec la réalisation de cette fin ; ce que les effets de la croissance économique sur le changement climatique prouvent qu'elle n'est pas. La croissance n'est ni une fin rationnelle, ni un moyen efficient pour obtenir une meilleure qualité de vie. Elle ne peut dans ces conditions résumer l'enjeu du développement. D'ailleurs, François Perroux distinguait déjà en 1961 la croissance et le développement. Alors qu'il définit la croissance comme l'augmentation soutenue, au niveau national, d'un indicateur de dimension, tel que le produit global net, il conçoit le développement comme un processus de changement structurel, incluant les changements de mentalités, de culture, et les changements sociaux en général. Le développement concerne fondamentalement l'humain et doit être humain. Il est le développement de « tout l'homme et de tous les hommes », pour reprendre une formule chère à l'éthique du développement. Et Perroux de noter :

> « Le développement de tout l'homme et de tous les hommes est une finalité qui devrait être unanimement acceptée par les responsables de la politique, de l'économie et de la recherche » (Perroux, 1961, p.32).

Bien que nous puissions concevoir des conceptions pluralistes du développement, il est néanmoins possible, d'une part d'admettre que, de manière générale, le développement consiste en un processus qui vise l'épanouissement humain ; et d'autre part d'éliminer certaines options, ou au moins porter un jugement de valeur rationnel sur les options en considérant : *a)* les conséquences prévisibles et imaginables sur l'épanouissement humain de ces options, *b)* les conséquences que nous n'avons pas prévues parce que pas imaginées, mais que nous pourrions imaginer[1]. Il est important de tenir compte de ce second type de conséquences, car le défaut d'imagination ne peut servir comme prétexte pour rejeter toute forme de responsabilité à l'égard des conséquences. Contrairement à une idée répandue, il est ainsi possible de discuter des fins de manière rationnelle. Et l'idée que le développement vise l'épanouissement humain paraît rationnelle. Pour reprendre le propos introductif, un bon développement serait un développement qui assure l'épanouissement humain.

L'éthique et la question des moyens

Si un des exercices fondamentaux de l'éthique du développement consiste à s'interroger sur le sens des fins poursuivies, elle ne peut se résumer à cela. Denis Goulet, un des fondateurs de l'éthique du développement soulignait :

> « En un mot, l'éthique du développement doit devenir un 'moyen des moyens'. L'éthique doit en quelque sorte entrer dans les dynamismes de valeur des instruments utilisés par les agents de développement et devenir elle-même un 'moyen des moyens'. Les éthiciens ne se déchargent pas de leurs fonctions

[1] Putnam (1984) a particulièrement défendu cette thèse de l'épanouissement humain comme critère ultime d'évaluation des fins sur la base de la distinction entre conséquences imaginables et conséquences que nous aurions pu imaginer.

> simplement en posant des valeurs moralement acceptables comme fins de l'action économique. Il ne leur suffit pas non plus d'évaluer, à la lumière d'une règle morale extrinsèque, l'instrument économique et politique qui est utilisé pour poursuivre ces objectifs. Plutôt, les éthiciens doivent analyser et mettre à nu la teneur en valeur de ces instruments au sein de leur dynamisme propre » (Goulet, 1995, p.24)[1].

L'éthique du développement est aussi une réflexion sur les moyens du développement. Les moyens utilisés pour poursuivre une fin révèle de manière radicale la valeur que nous accordons à cette fin. Si nous visons la paix, devons-nous choisir une course à l'armement de sorte que la paix précaire qui en découle soit un équilibre de la terreur ? Si nous promouvons les droits de l'homme, pouvons-nous le faire au prix de violences, d'exactions et d'injustices ?, etc. Si nous considérons que le développement vise l'amélioration de la qualité de la vie, pouvons-nous accepter des moyens qui la dégradent considérablement ? En somme, l'éthique du développement est une réflexion sur l'adéquation entre les moyens et les fins du développement.
Nigel Dower (2010) propose de catégoriser les relations entre les moyens et les fins de trois manières :

a) Les moyens peuvent être conçus comme des simples instruments de promotion des fins. Il ne s'agit pas de les considérer comme une visée en soi, mais seulement comme des instruments qui permettent de promouvoir la visée à atteindre. Par exemple, le développement de la démocratie et de la participation, l'empowerment des femmes, etc., sont autant de moyens de favoriser certaines formes de développement. Dans une telle conception de la relation entre moyens et fins, y compris les partisans d'une visée étroite du développement, qui se

---

[1] Ma traduction de : "In a word, development ethics must become a means of the means. Ethics must somehow get inside the value dynamisms of the instruments utilised by development agents and itself become a means of the means. Ethicists do not discharge themselves of their duty merely by posing morally acceptable values as ends of economic action. Nor does it suffice for them to evaluate, in the light of some extrinsic moral rule, the economic and political instrumental it is employed to pursue those ends. Rather, ethicists must analyse and lay bare the value content of these instrumentalities from within their proper dynamism".

limiterait à la croissance économique, pourront convenir que certains moyens favorisent plutôt la croissance et qu'entre deux moyens aux retombées économiques similaires, celui qui produit le plus grand épanouissement humain reste préférable. Il est par exemple désormais admis que la promotion de l'éducation favorise aussi la croissance économique. Il n'y a donc pas incompatibilité entre croissance économique et épanouissement humain. L'enjeu consiste à établir les liens entre un ensemble de fins éventuellement divergentes et des moyens eux aussi divergents ; et à choisir pour une fin donnée les moyens qui présentent les plus grands avantages.

b) Les moyens, tout en étant conçus comme des instruments de promotion des fins, sont aussi soumis à des jugements de valeurs constituant des contraintes sur ceux que l'on peut choisir. Dans une telle conception, les jugements de valeurs restreignent les options ouvertes dans la poursuite des fins. L'efficacité des moyens est mise en balance avec d'autres critères d'évaluation, spécifiquement des critères éthiques sur les moyens. Il peut s'avérer préférable de choisir des moyens moins efficients mais plus conformes au respect des critères éthiques. Par exemple, si le but est d'augmenter la production nationale, il est peut être préférable que cette augmentation ne se réalise pas au détriment de l'équité. Les moyens choisis sont alors sélectionnés sous cette contrainte avec une hiérarchisation des moyens selon la hiérarchie des critères à respecter.

c) Les moyens sont parties intégrantes du développement. Cette conception des relations entre moyens et fins est la plus exigeante. Elle considère que les fins poursuivies ne sont pas indépendantes des moyens mis en œuvre. Il n'y aurait par exemple pas de sens à promouvoir la paix par la violence, ou à promouvoir la justice par l'injustice, etc. Les moyens reflètent la valeur que l'on accorde aux fins et sont non dissociables de ces dernières.

Selon le point de vue adopté sur la relation entre les fins et les moyens, les politiques de développement seront évidemment très différentes. L'éthique du développement peut au moins contribuer à relativiser les choix de politiques en mettant en évidence l'existence d'autres alternatives fondées sur une relation différente entre fins et moyens. Mieux encore, elle peut tenter de mettre en évidence un panel de mesures qui répondent à tous les types de relation et satisfont des conceptions différentes du développement. Autrement dit, au-delà d'une éthique des fins, l'éthique du développement est également une éthique des moyens du développement.

La doctrine de l'indispensable sacrifice

La principale opposition à l'idée d'une éthique des moyens est la doctrine de l'indispensable sacrifice. Peter Berger a, dans un ouvrage de 1974, souligné avec vigueur cette doctrine qui s'apparente quasiment à du mysticisme. S'appuyant sur la métaphore de la grande pyramide de Cholula au Mexique, sur laquelle le peuple Aztèque procédait à des sacrifices humains, il décrit cette doctrine comme une théorie reposant sur une croyance en la nécessité « de la sueur et du sang ». La croyance qu'il faut régulièrement nourrir Dieu avec du sang humain pour que l'univers ne s'effondre pas. Cette croyance a été remplacée par une croyance du développement qui nécessite des sacrifices pour des « lendemains qui chantent ». C'est désormais sur l'autel du développement que les populations doivent être sacrifiées. Les générations présentes sont sacrifiées, mais pour le bien-être des générations futures. La récurrence de ce discours qui finit par s'appliquer à chaque génération fait planer un sérieux doute sur sa pertinence.

Il ne s'agit pas pour autant de tomber dans l'anti-développement qui consisterait à nier tout intérêt au développement. Ne rien faire reviendrait à laisser des milliers de personnes mourir suite aux privations qu'elles subissent. Le coût de l'action doit être mis en perspective avec le coût de l'absence d'action. Le développement s'apparente à un choix cruel pour reprendre une expression de Denis Goulet (Goulet, 1971). Pourtant, là encore le sacrifice apparaît inéluctable. Cette doctrine n'est-elle pas néanmoins le reflet d'un manque d'imagination morale ?

Amartya Sen (1997) a bien résumé le problème en opposant deux visions du développement à travers les acronymes BLAST versus

GALA. La logique BLAST, pour « blood, sweat and tears »[1], repose sur l'idée de la nécessité des sacrifices pour atteindre un futur meilleur. La logique GALA, pour « Getting by with a little assistance »[2], considère au contraire que l'amélioration de la qualité de vie ne nécessite pas de sacrifices mais suppose la recherche de complémentarités dans les moyens du développement. Dès lors que les moyens mis en œuvre sont eux-mêmes des instruments qui conduisent à l'épanouissement humain, la doctrine de l'indispensable sacrifice perd toute sa pertinence. Un des enjeux majeurs de l'éthique du développement réside certainement dans la recherche de la compatibilité des moyens et des fins, afin de renouveler les politiques de développement.

3. Nouvelle discipline ou champ de recherche

Denis Goulet (1988, p.22), un des pionniers de l'éthique du développement (*cf.* infra) affirmait que :

> « L'éthique du développement en tant que discipline est un ciment conceptuel qui lie les diagnostics multiples des problèmes avec leurs implications politiques, ce à travers une étude phénoménologique explicite des valeurs qui met à nu le coût de la valeur des diverses actions poursuivies »[3].

Il semble ainsi indiquer que l'éthique du développement est une nouvelle discipline. Mais il s'agirait alors d'une discipline fondamentalement pluridisciplinaire puisqu'elle nécessite des regards aussi divers sur le développement que ceux des sociologues, des économistes, des démographes, des politistes, des philosophes, etc. Goulet (1995) emploie d'ailleurs le terme « éclectisme discipliné ». Il estime qu'il s'agit

---

[1] Soit « du sang, de la sueur et des larmes », selon une expression attribuée à Winston Churchill.

[2] Soit "Obtenir avec un peu d'aide", selon une expression des Beatles.

[3] Ma traduction de : "Development ethics as a discipline is a conceptual cement which binds together multiple diagnosis of problems with their policy implications, this through an explicit phenomenological study of values which lays bare the value cost of various course of actions".

d'une discipline dans le sens où elle peut, comme d'autres disciplines, regrouper les caractéristiques suivantes : elle est systématique, cumulative, diffuse, testable. Elle renvoie par ailleurs aussi bien à des questions normatives que pratiques sur le développement.

En ce sens, il est plus judicieux de considérer que l'éthique du développement est un champ de recherche plutôt qu'une discipline. Elle appelle les différentes disciplines à porter un regard différent sur leurs propres démarches et méthodes.

Pour prendre un exemple simple, s'agissant de l'évaluation d'une politique de développement par les exportations, ses multiples conséquences doivent être examinées, pas seulement à partir de l'impact sur la croissance, mais aussi des effets sur les inégalités, la culture du pays, la soutenabilité des ressources naturelles, etc. Il s'agit d'analyser les ressorts de ce choix de développement : qui en décide ?, avec quelle légitimité ? Il s'agit aussi de discuter de la pertinence d'alternatives et des dispositifs à mettre en œuvre. Autrement dit, l'éthique du développement vise à élargir le champ des analyses descriptives menées dans chacune des disciplines et à soumettre des analyses évaluatives sur ce qu'il convient de faire.

3
De bonnes raisons de s'intéresser à l'éthique du développement

Bien sûr, certains pourraient objecter que les considérations éthiques sont futiles et qu'en matière de développement, l'action doit primer sur les attentions morales. Des Gasper (2006b) rappelle néanmoins que l'éthique est loin d'être une activité inutile, qu'elle ne peut se réduire, notamment concernant le développement, à une activité intellectuelle déconnectée de la réalité et sans portée opérationnelle. Après tout, la réflexion sur les droits de l'homme n'a-t-elle pas permis des avancées significatives ? Elle a produit un véritable « effet de cascade » sur les pays qui se sont appropriés au fur et à mesure ce discours et l'ont fait leur (Finnemore et Sikkink, 1998). De même, de nombreuses évolutions dans les sociétés, comme l'abolition de l'esclavage ou du travail forcé, le respect des populations autochtones, l'égalité de genre, le bien-être animal, etc., reposent finalement, sur le long terme, sur la capacité de persuasion d'arguments éthiques contenant des croyances normatives sur ce qu'il est bien de faire ou non (Crawford, 2002). L'éthique n'est pas qu'un exercice réservé aux philosophes enfermés dans leurs spéculations, mais impacte la vie réelle des populations dans le monde. Or, il y a de bonnes raisons de s'intéresser à l'éthique du développement. Sans être exhaustif, on peut en suggérer quelques-unes ici[1].

1. On ne peut pas se fier aux théories

Le premier ensemble de raisons concerne les théories du développement. Certains pourraient considérer que le développement se résume à un ensemble de théories qui permettent d'analyser la réalité et d'en tirer des conclusions sur l'état actuel des pays. Ce serait cependant

[1] Le lecteur peut trouver une justification similaire chez Crocker (1991).

considérer, d'une part que ces théories sont intemporelles, ce qui n'est pas le cas, d'autre part qu'elles servent uniquement de grille de lecture, ce qui n'est pas le cas non plus puisqu'en la matière les théories du développement orientent les politiques. Les théories ne sont pas neutres d'un point de vue des valeurs, et il faut bien le reconnaître.

Les théories qui fondent les analyses du développement évoluent

Les théories du développement changent et il n'est guère possible de considérer qu'une théorie est en soi la bonne approche. Il suffit de songer aux évolutions qu'a connues l'économie du développement. Si les deux premières décennies de l'économie du développement ont été largement marquées par une approche structurelle et temporelle dans laquelle l'accumulation du capital et l'industrialisation jouaient un rôle majeur ; cette vision a été remplacée à partir des années 1970 par un impératif de l'équilibre et une conception libérale de l'économie. Mais non un des moindres paradoxes est, qu'en même temps, cette période ouvre la voie à la prise en compte des spécificités culturelles (Asie versus Afrique notamment)[1]. Dans les années 1990, c'est la réduction de la pauvreté via la croissance pro-pauvre qui a été propulsée sur le devant de la scène. Avec les années 2000, l'insertion dans la mondialisation, en même temps que le développement durable, sont devenus les thématiques qui orientent les théories. Or chacune des théories repose sur un ensemble de fondements ou de présupposés fortement contestables. Dans ces conditions, plutôt que de croire à une théorie quelconque, il est préférable de se poser la question de ce qui est recherché à travers le développement et d'examiner les moyens d'y arriver à l'aune de principes éthiques.

Les théories ne sont pas neutres du point de vue des valeurs

Les théories ne sont en fait pas neutres du point de vue des valeurs, ce qui est d'autant plus gênant quand elles évoluent et valorisent des pratiques ou des politiques. Si l'idée de neutralité de la science, em-

[1] Pour une présentation de ces évolutions, voir Assidon (1992).

preinte d'observations objectives et d'analyses rigoureuses, a dominé depuis l'émergence du positivisme logique et ses critères de scientificité[1], elle est désormais largement remise en cause. Deux arguments suffisent à s'en convaincre :

a) Tout d'abord, l'économiste utilise un langage qui renvoie lui-même aux valeurs. Ainsi, selon le philosophe Hilary Putnam (2002), les concepts qui servent à décrire une situation sont également évaluatifs, tandis que les jugements évaluatifs contiennent aussi des éléments descriptifs. Par exemple, lorsque nous utilisons le terme « cruauté », il paraît difficile de le cantonner à une simple description. L'utilisation même que nous faisons de ce terme renferme un jugement de valeur sur la situation que nous décrivons. Si nous disons que « la cruauté de ce régime politique a provoqué des rébellions », nous fournissons à la fois une description d'une situation et avançons un jugement de valeur sur la situation. Il en est de même pour de nombreux termes utilisés en économie. Lorsque nous disons que les personnes se trouvent dans une situation de pauvreté ou de sous-développement, nous engageons simultanément un jugement évaluatif sur cette situation, la considérant au minimum comme une situation peu enviable, et une analyse descriptive basée sur des caractéristiques (être sous le seuil de pauvreté monétaire, etc.). En somme, les termes que nous utilisons pour décrire la situation des personnes sont souvent marqués par des jugements de valeurs sur ces situations. Or, il ne paraît guère possible à l'économie d'échapper à ce type de problème dans la mesure où elle ne traite pas uniquement d'objets mais aussi de personnes. Nous pourrions certainement dire qu'un vase est rouge sans porter de jugement de valeur, mais nous pouvons difficilement dire qu'une personne est pauvre sans y associer un jugement axiologique. À l'inverse, nous pouvons émettre des jugements de valeurs qui reposent sur des faits, par exemple quand nous disons que le « terrorisme est criminel » nous condamnons le terrorisme tout en décrivant ce qu'il produit, *i.e.* des crimes, et c'est parce qu'il produit des crimes que nous le condamnons. Comme le souligne Vivian Walsh (2003), nous pouvons donc

[1] Le positivisme est l'idée que les connaissances analytiques doivent être soumises à la vérification empirique ; et que de ce fait elles sont détachées des valeurs (Hempel et Oppenheim, 1965). Voir Blaug (1982) pour son application en économie.

distinguer entre description et description « riche », cette dernière n'étant pas dénuée de toute valeur. Même lorsque l'économiste croît simplement décrire une situation, cette description est assortie d'un jugement de valeur.

b) Ensuite, il est faux de penser que nous ne pouvons pas porter de jugement de valeur sur les fins que nous poursuivons. Amartya Sen (1967) en distinguant les jugements de valeur de base et ceux qui ne le sont pas, dans un même système de jugements de valeur, a particulièrement attaqué le point de vue que les fins ne se discutent pas. Pour le citer :

> « Un jugement de valeur peut être qualifié de 'base' pour une personne si aucune révision concevable des hypothèses factuelles ne peut lui faire réviser son jugement. Si de telles révisions peuvent avoir lieu, le jugement est 'non basique' dans son système de valeurs. Par exemple, une personne peut exprimer le jugement suivant : 'Une augmentation du revenu national mesurée aux prix de l'année de référence indique une meilleure situation économique'. Nous pouvons lui demander s'il s'en tiendra à ce jugement dans toutes les circonstances, et continuer à demander : 'Diriez-vous la même chose si les circonstances étaient telles ou telles (par exemple, les pauvres sont plus pauvres et les riches beaucoup plus riches)?' S'il s'avère qu'il révise son jugement dans certaines circonstances factuelles, alors le jugement peut être considéré comme non basique dans son système de valeurs »[1] Sen (1967, p.50).

Ainsi, les fins peuvent être l'objet d'une discussion argumentée selon les nouveaux faits qui se présentent, ce qui souligne les liens étroits

---

[1] Ma traduction de : "A value judgment can be called "basic" to a person if no conceivable revision of factual assumptions can make him revise the judgment. If such revisions can take place, the judgment is "non-basic" in his value system. For example, a person may express the judgment, 'A rise in national income measured at base year prices indicates a better economic situation'. We may ask him whether he will stick to this judgment under all factual circumstances, and go on inquiring, "Would you say the same if the circumstances were such and such (e.g., the poor were poorer and the rich a lot richer)?" If it turns out that he will revise the judgment under certain factual circumstances, then the judgment can be taken to be non-basic in his value system."

entre les faits et les jugements de valeur. Les discussions sur les fins poursuivies par les individus garantissent aussi une rationalité plus globale. Sen (1985) distingue à cet effet la rationalité de correspondance de la rationalité de réflexion. La rationalité de correspondance correspond aux moyens que l'individu met en œuvre pour atteindre une fin. Si je cherche à obtenir X et que je peux utiliser comme moyen une action *a* ou *b*, et que je sais que *a* est un moyen plus sûr ou efficace d'obtenir X, alors je devrais mener l'action *a* plutôt que *b*. La rationalité de correspondance suppose que les moyens mis en correspondance pour la réalisation de X soient jugés rationnels. Il se pourrait en effet que je préfère X à Y et que je choisisse X mais tente de l'obtenir par une action totalement inadaptée à son obtention. La rationalité de correspondance n'est qu'une condition nécessaire de la rationalité, mais n'est pas forcément suffisante. La rationalité de réflexion suppose que ce que l'on cherche à obtenir puisse aussi faire l'objet d'une évaluation rationnelle. Les fins doivent donc être rationnelles. Par exemple, si une personne cherche à grossir démesurément, un moyen rationnel d'y arriver est de manger des sucreries toute la journée. Si la rationalité de correspondance est respectée, la fin recherchée n'est pas réellement rationnelle, sauf cas particulier, sachant que grossir démesurément provoquera des atteintes à la santé. Or il est rationnel que nous accordions de la valeur à notre santé.
Les fins poursuivies peuvent être l'objet d'un débat argumenté et l'éthique du développement se propose non seulement de débattre des fins poursuivies dans nos sociétés, en particulier des modèles de développement économique, mais aussi des moyens mis en œuvre pour atteindre ces fins.

Le développement est une théorie-pratique

Il est d'autant plus important de relativiser la portée des théories du développement au regard de critères éthiques que la théorie n'est que rarement déconnectée de la pratique. En matière de développement, nous sommes plutôt confrontés à une 'théorie-pratique' qu'à une théorie pure. Les théories appuient les pratiques et politiques de développement. Elles forgent des modèles prescriptifs du développement

(Combarnous et *al.*, 2022). Ces modèles sont imposés de façon autoritaire aux pays par les institutions internationales qui proposent leur aide (Ibhawoh, 1999) avec des conséquences parfois ravageuses. Les politiques d'ajustement structurel sont, par exemple, fondamentalement fondées sur l'idée que la croissance passe par la résorption des déséquilibres, notamment le déséquilibre extérieur. L'approche monétaire de la balance des paiements qui soutient cette idée, en particulier au Fonds monétaire international, conduit alors à admettre qu'il faut assainir les finances publiques par un désengagement de l'État. Ces politiques ont conduit à des situations catastrophiques pour les pays les ayant subis, que ce soit au niveau économique où elles se sont montrées peu probantes (Taylor, 1988) ou au plan social où les dégâts ont été considérables sur les conditions de vie et la mortalité des populations, y compris des enfants (UNICEF, 1987).

2. Les projets de développement ne peuvent éviter les questions éthiques

Dans l'introduction de cette partie, le cas de la mer d'Aral a été mentionné. Il s'agit d'un cas édifiant de mal-développement ? Mais ce n'est pas ce genre de cas, bien qu'ils existent, qui sont les plus délicats. C'est plutôt une multitude de cas, parfois à petite échelle, et généralement de bonne volonté pour améliorer le sort des plus pauvres. Le développement, en pratique, passe par des projets qui conduisent souvent à soulever des réflexions éthiques. Que ce soient les experts, les planificateurs du développement, les ONG, les gouvernements ou les institutions internationales, la mise en œuvre d'une pratique, d'un choix en matière de développement suscite la plupart du temps des dilemmes éthiques.

Les dilemmes éthiques des projets de développement

Imaginons un ingénieur agronome qui développe une technique de culture rizicole plus efficace qui en accroîtra nettement le rendement. Si cette technique permet en outre d'économiser de la main d'œuvre, que doit-il décider ? La mettre en œuvre afin d'assurer une meilleure

alimentation à la population, quitte à prendre le risque que les gens perdant leur travail ne puissent plus acheter le riz ainsi produit, ou ne pas l'appliquer, conservant ainsi la situation de malnutrition dans laquelle se trouve la population locale ? Autre exemple : une population meurt de faim. Les ONG et les institutions internationales doivent-elles acheminer de l'aide alimentaire d'urgence pour leur sauver la vie? Ce qui paraît bien à priori ne l'est plus dès lors que l'impact de cette aide alimentaire sur la production locale est telle que son prix s'effondre, ce qui d'une part appauvrit les producteurs qui deviennent des bouches à nourrir en plus, et d'autre part décourage les mêmes producteurs de relancer la production l'année suivante, créant un cercle vicieux de la disette (Riddell, 1987).
Les économistes sont friands de ces paradoxes. S'efforçant de faire le bien, le développeur produit plus de mal. Il cherche à améliorer l'accès à l'eau des populations et son projet conduit à l'augmentation de la mortalité infantile[1]. Il vise à mieux répartir les richesses par le biais du commerce équitable et accroît les inégalités[2]. Il veut faciliter la vie des femmes en leur accordant des microcrédits, mais c'est sans compter leur instrumentalisation par les hommes pour accéder aux crédits, ce qui, toutes choses égales par ailleurs, accroît la violence à leur égard de la part de leur conjoint et les rend plus vulnérables en cas de séparation ou de décès du mari[3], etc. Le dilemme est alors le suivant pour le développeur : « dois-je accomplir ce qui paraît bien ? » ou dois-je faire ce qui semble prudent au regard des conséquences éventuelles ? ». Il ne saurait y avoir de réponse évidente. Et l'éthique permet de se forger un jugement sur le choix à effectuer.

Les projets de développement sont mis en œuvre par des professionnels

Même si certains défendent encore l'idée d'une science neutre, nous pouvons convenir que les professionnels du développement ne sont pas, eux, des scientifiques neutres. Le dogme du professionnel neutre

---

[1] Ce paradoxe a été montré dans le cas du Pérou par Lee et *al.* (1997).
[2] Ce Paradoxe est soulevé dans l'article de Carimentrand et Ballet (2010).
[3] Cette situation a été mise en évidence par Hofmann et Marius-Gnanou (2007).

est une pure illusion en matière de développement. Cela supposerait une attitude de quête de vérité peu compatible avec la logique du développement qui repose sur des orientations souvent forgées par les institutions nationales et internationales dans lesquelles les agents sont eux-mêmes soumis au respect du dogme de l'institution. Rappelons par exemple que les agents de la Banque mondiale sont dans l'obligation de suivre les politiques opérationnelles décidées par leur institution - à l'inverse des procédures et des bonnes pratiques qui sont elles seulement recommandées - sans quoi ils peuvent s'exposer à une inspection juridique de la part du *World Bank Inspection Panel* (entité créée en 1993 pour s'assurer que les politiques édictées par la Banque sont bien respectées par ses agents) et être sanctionnés[1]. Les professionnels des institutions de développement sont tenus de mettre en œuvre la politique de l'institution à laquelle ils appartiennent. Ils ne sont pas des scientifiques neutres menant des analyses sans jugement de valeur.

Les projets de développement des institutions ne font que refléter leur conception du développement

Si les professionnels du développement sont des agents au service d'une institution et que leurs projets ou politiques de développement ne font finalement que transcrire l'idée de développement portée par l'institution à laquelle ils appartiennent, il n'y a aucune raison que cette conception du développement ne soit pas confrontée à d'autres options. En particulier, les connaissances et les aspirations des populations doivent être sérieusement prises en compte. Le rapport de la Banque mondiale sur la *Voix des pauvres* (Narayan et *al.*, 2000a, b) a d'ailleurs souligné cette importance. Mais la pratique se limite bien souvent à une consultation d'opinions sans qu'une réelle participation aux décisions ne soit effective.

Jay Drydyk (2005) distingue de ce point de vue cinq types de pratiques. La première est l'adhésion. Elle consiste pour les élites à communiquer sur ce qui est fait et ce qui va être entrepris avec la par-

[1] Voir Bradlow (1994) pour une discussion de ce problème dans le cas d'une analyse des politiques au Maroc.

ticipation des non élites. La deuxième est le recueil d'information. Elle enregistre l'opinion des populations et l'intègre comme donnée au processus de mise en œuvre des politiques. Elle vise à évaluer le décalage entre ce que les institutions veulent faire et ce que les populations acceptent. L'essentiel est, bien sûr, connaissant les préférences des populations, de s'assurer qu'elles puissent être modifiées. La participation par consultation est la troisième forme. Elle permet à la population de formuler des propositions et de délibérer à leur sujet, mais les élites continuent de décider. Cette troisième forme est, de fait, plus avancée que la deuxième puisqu'elle ne vise pas qu'à modifier les préférences des populations, mais à les comprendre. Dans la quatrième acceptation ou participation par implémentation, les élites déterminent les buts et les moyens que les populations doivent mettre en œuvre. Mais dans ce cas de figure, ce sont les populations qui sont chargées de la mise en œuvre. Les populations se trouvent confrontées à des politiques qu'elles n'ont pas choisies mais qu'elles doivent appliquées. L'application des politiques est censée remporter l'adhésion des populations. Enfin, la participation par délibération suppose la délibération des populations sur des propositions qu'elles forgent afin d'aboutir à un accord sur les politiques à suivre. Dans le cadre des projets de développement, ce sont souvent les trois premières pratiques qui sont mises en œuvre. Elles ne participent pas d'une reconnaissance réelle des populations dont l'exigence supposerait de s'engager dans des usages de codécisions. L'éthique du développement rejoint ainsi les exigences d'une éthique discursive. Même dans les projets en apparence participatifs, à l'image des contrats de gestion des ressources naturelles avec les populations locales, la participation est souvent une injonction de cogestion sans que les populations ne soient en mesure de prendre des décisions sur le bien-fondé de cette cogestion (Froger et *al.*, 2004). Toutes ces pratiques conduisent le plus souvent à un décalage entre les conceptions du développement des institutions et les attentes des populations, ce qui ne manque pas, d'une part de créer des frustrations chez les populations, d'autre part de promouvoir des projets de développement dont l'efficacité est d'emblée contestable puisque peu considérés par les populations.

Partie 2
Émergence

> Maintes circonstances conduiraient aujourd'hui à penser, si l'on avait quelque goût pour les généralisations rapides, *qu'il est aussi opportun de concevoir le monde économique comme un ensemble de rapports patents ou dissimulés entre dominants et dominés que comme un ensemble de rapports entre égaux* (François Perroux, 1961, p.27).

En 1939, Colin Clark, un économiste de grande renommée, notamment pour avoir contribué à la mise au point des mesures du revenu national, évaluait pour la première fois l'écart de richesse entre les pays d'Europe occidentale et le reste du monde. Son travail initiait un intérêt pour les questions de développement. Il soulignait le rôle des changements structurels nécessaires au développement des pays les plus pauvres. Le concept de développement était alors associé au progrès économique, mesuré sous forme monétaire.

Ces résultats cachent mal, cependant, l'idéologie du moment, pointant la supériorité des civilisations européennes sur le reste du monde. Comme le formulait fort à propos François Perroux :

> « Que la force, le pouvoir et la contrainte s'exercent de façon intentionnelle ou non [...], ils sont d'ordinaire jetés dans ces deux 'fourre-tout' grâce auxquels l'économiste peut se dispenser de tant d'efforts et s'absoudre de tant d'ignorance : les 'données' (*Daten*) qui n'ont pas à être expliquées, les 'éléments extra-économiques' sur lesquels notre discipline n'a pas, par définition, à exercer ses prises » (Perroux, 1961, p.25).

N'oublions pas que la hiérarchie des peuples était très en vogue à cette époque. Les zoos humains en Europe, comme aux États-Unis, où l'on expose tels des animaux, les peuplades « primitives » des colonies, se perpétuent jusque dans les années 1930 (Blanchard, 2011). Ils participent significativement à l'invention de la hiérarchie des races (Bancel et *al.*, 2016). Le développement guidé par les empires coloniaux justifie la colonisation sous les atours d'une œuvre de civilisation. Les données économiques, par leur apparente neutralité, polissent le discours qui, dans les années 1930, commence à connaître une opposition de plus en plus franche. La grande guerre de 1914-1918 avait mis sur le devant de la scène les soldats des colonies, le fameux « tirailleur sénégalais » en France, offrant au public un regard nouveau sur les peuples colonisés. Ce ne sont plus seulement des peuples primitifs, mais des soldats ayant donné leur vie pour l'empire colonial (Girardet, 1972). Il fallait bien que le discours s'adapte. Le racisme ouvert devait laisser place à un discours plus feutré, et les justifications de domination coloniale trouver des nouveaux appuis scientifiques, au titre desquels le discours sur le développement contribua indéniablement. Le retard des pays colonisés justifiait l'emprise du colonisateur. La seconde guerre mondiale allait bousculer encore plus la hiérarchisation du monde.

L'Europe, exsangue par la guerre, acclame les alliés américains. L'aide économique et financière proposée par les États-Unis à l'Europe en 1947, avec le plan Marshall, marque la nouvelle géographie de la domination. Si les colonies européennes restent dans le giron de leurs maîtres, ces derniers ne sont plus le centre du monde. Les États-Unis en sont un nouveau maître. François Perroux (1958, p.51) soulignait l'influence du plan Marshall comme instrument de domination et notait : « les autres économies sont condamnées à des stratégies d'adaptation en face de décision dont elles subissent les effets ». La pensée sur le développement reprend cette nouvelle géographie de la domination. Le discours du Président américain Harry S. Truman, lors de son investiture le 20 janvier 1950 constitue, de ce point de vue, un repère historique majeur. Il évoque, dans le point IV, « le développement des régions sous-développées ».

Ce discours apparaît comme une volonté de mise en marche d'un progrès mondial auquel les États-Unis, du fait de leur suprématie à la sortie de la seconde guerre mondiale, doivent non seulement participer, mais qu'ils doivent également impulser. Ce discours est à l'origine des termes « sous-développé » et « sous-développement ». Il souligne à cette occasion la supériorité des « développés » sur les « sous-développés ». Il engage les États-Unis dans un processus d'aide aux « sous-développés » afin qu'ils puissent rejoindre les rangs

des nations « supérieures ». Là encore, le discours sur le développement s'ancre dans la hiérarchie des peuples.
C'est toute une idéologie du développement comme progrès économique, massivement lié à la croissance économique qui prend corps. Le contexte de la guerre froide entre les États-Unis et l'URSS et leurs alliés respectifs, qui rappelons-le, avait commencé avant la sortie de la seconde guerre mondiale (Jeannesson, 2016), impulse une volonté de ralliement des « sous-développés » aux « développés ». Le monde bipolaire, qui se constitue, transforme le développement et l'aide au développement en instruments stratégiques au profit d'une volonté de domination idéologique opposant capitalisme et socialisme. Le discours du développement comme « œuvre civilisatrice » devient désormais un combat entre le « monde libre » et le communisme.
Dans ce contexte, les premières critiques du développement naissent. Elles remettent en cause la hiérarchie entre les pays et l'idéologie sous-jacente d'un modèle de développement naturaliste. Les pays *non alignés* contestent, de leur côté, la nécessité d'appartenance à un des camps de la guerre froide. Le contexte et les critiques du développement qui émergent sont alors essentiels pour mieux comprendre l'originalité de la position du mouvement de l'éthique du développement.
Les populations, elles, semblent oubliées. L'éthique du développement émerge de cet oubli. Elle adopte une position singulière, consistant à remettre au centre des débats les personnes et à faire du développement un développement des personnes, « une croissance généralisée de tout l'humain, chacun des hommes et tout dans l'homme » pour reprendre une phrase de Louis-Joseph Lebret (1960, p.137), un des fondateurs de l'éthique du développement. Le développement n'est pas une question d'appréciation du changement structurel, ni de modèle économique capitaliste versus socialiste. Il est la manière dont le développement économique se répercute sur la vie des gens. Au cœur du développement et de l'éthique du développement doivent se trouver les personnes. On jugera du développement à l'aune de leur épanouissement. Contre les partisans d'un développement économique par la croissance économique, qui ne voient dans celui-ci que des agrégats, l'éthique du développement préconise de s'intéresser

aux personnes, aux changements dans leur vie, à leur sentiment de vivre mieux ou au contraire plus mal. Contre les adeptes du refus du développement, l'éthique du développement oppose là encore la vie des gens. Le développement économique peut, dans certaines conditions, améliorer leur vie. Il ne convient pas de le refuser par principe. S'il ne contribue pas à l'épanouissement des personnes, alors il faut le penser différemment. Ce sont ses effets positifs et négatifs qu'il faut analyser, avec au cœur des analyses les personnes et la vie qu'elles mènent. L'éthique du développement entend promouvoir un développement qui soit profondément humain. Elle prend naissance en France, notamment chez deux auteurs majeurs, Louis-Joseph Lebret et François Perroux, et se poursuit dans la lignée de ceux-ci par extension dans d'autres pays et continents.

4
Développement et critiques du développement : un contexte propice à l'émergence de l'éthique

L'éthique du développement naît d'un constat : les politiques de développement ne se réfèrent pas à des principes éthiques, ce qui d'une part réduit leur efficacité, d'autre part cause des torts aux populations. Ce champ d'analyse à la fois critique et évaluatif du développement ne se comprend évidemment que dans le contexte de son propre développement, celui des années d'après la seconde guerre mondiale, puis des indépendances des pays en développement, période à la fois de constitution de l'analyse du développement et de remise en cause des modèles de domination coloniale. L'éthique du développement apparaît simultanément avec l'économie du développement et les critiques qui s'attachent à déconstruire le discours sur le développement. Il faut alors caractériser cette évolution parallèle.

1. Du développement : changements structurels et influences politiques

L'éthique du développement émerge dans un contexte de critiques du développement. Critique économique d'abord, avec des thèses remettant en cause le progrès pour tous promis par le développement. Le constat des conditions de vie déplorables des populations soulève les enjeux autour de la pauvreté et des inégalités. Critique politique ensuite, avec la montée des indépendances. Le colonialisme ne semble guère se soucier de la volonté d'autonomie et des valeurs des peuples. L'éthique du développement évolue, dans un premier temps, avec la décolonisation, puis, dans un second temps, avec l'émergence de nouveaux enjeux tels la protection de l'environnement et la mondialisation. Elle s'alimente de ces critiques mais les dépasse pour dégager des axes de réflexion sur les responsabilités des développeurs. Le contexte de son émergence puis de son évolution permettent ainsi de mieux en cerner les enjeux et les méthodes.

La naissance de l'économie du développement

Il est usuel de faire remonter la naissance de l'économie du développement à la période de sortie de la seconde guerre mondiale. L'économie du développement prend forme dans un contexte de domination d'une pensée keynésienne (ou classico-keynésienne dite « école de la synthèse »). Elle propose d'élaborer un corpus d'analyses spécifiques aux pays dits en retard de développement, forgeant des modèles d'accumulation et de croissance des pays les plus pauvres. Le développement est assimilé à la croissance et les réflexions portent sur les spécificités structurelles des pays qui en bloquent le processus[1]. Rappelons ce que notait Rostow (1963, p.9) dans l'introduction à son ouvrage *Les étapes de la croissance économique* :

> « Je ne saurais trop souligner, dès le début, que la théorie des étapes de la croissance est une conception arbitraire et limitée de l'histoire moderne ; et on ne peut dire non plus qu'elle soit exacte dans l'absolu. Elle est destinée, en fait, à illustrer non seulement les caractéristiques uniformes de la modernisation des sociétés, mais aussi, et au même degré, ce que l'évolution de chaque nation a d'unique ».

À partir d'une telle ligne directrice, il s'agit avant tout de faire émerger un processus de croissance, tout en analysant les mécanismes de blocage, autrement dit les spécificités des pays en développement. Les principales analyses opposent des effets de seuil à franchir qui nécessitent une poussée (*big push*) sous forme d'investissements toutes directions (Rosenstein-Rodan, 1943 ; Rostow, 1963), à une croissance déséquilibrée relative à des effets de liaison entre les secteurs d'activité nécessitant des foyers d'industrialisation (Hirschman, 1964 ; Nurske, 1953) générant des effets de propagation (Myrdal, 1958), ou

---

[1] Nous ne faisons qu'un très rapide survol. Pour une bonne présentation des thèses en présence et des enjeux qui y sont associés le lecteur peut consulter Assidon (1992).

encore des stratégies qui visent à dépasser le dualisme des économies (agriculture *versus* industrie) par des transformations sectorielles (Boeke, 1961 ; Lewis, 1954). Au-delà des divergences, l'idée qu'il faut impulser un changement dans ces économies est relativement commune.
S'ouvre alors une autre question qui est celle du financement de ces changements. Car selon la formule consacrée « un pays est pauvre parce qu'il est pauvre » (Nurske, 1953) sous-entendant par là qu'il n'a pas les moyens financiers de sa politique de développement et pour cette raison reste dans sa pauvreté. Là aussi, des oppositions naissent sur les modalités du financement de ces changements. Certains plaident pour une approche d'accumulation progressive liée à la croissance (Lewis, 1954), d'autres pour une stimulation par des investissements publics (Chereny et Strout, 1966), d'autres encore, dans la tradition léniniste, pour une gestion du surplus par l'État (Baran, 1950). Quoi qu'il en soit, se pose la question de l'aide que les pays riches doivent apporter aux pays pauvres. Or, le contexte de la guerre froide l'oblitère singulièrement.

La guerre froide

La guerre froide, selon l'expression consacrée[1], opposant les États-Unis et leurs alliés formant le bloc de l'Ouest d'un côté et l'Union des Républiques Socialistes Soviétiques et ses États satellites de l'autre, relègue à une place subalterne les questions de développement. L'aide aux pays pauvres, en particulier, devient une arme de domination. Sous cette influence politique, les relations avec les pays pauvres deviennent une stratégie de conquête, mêlant militarisation du monde et influence économique. L'aide au développement se fait l'allié du déploiement militaire.
Laissons parler Alfred Sauvy (1952, p.14) :

> « Nous parlons volontiers de deux mondes en présence, de leur guerre possible, de leur coexistence, etc., oubliant trop souvent qu'il en existe un troisième, le plus important, et en somme, le

[1] L'expression serait due à l'écrivain George Orwell.

premier dans la chronologie. C'est l'ensemble de ceux que l'on appelle, en style Nations Unies, les pays sous-développés. [...] La préparation de la guerre étant le souci n°1, les soucis secondaires comme la faim du monde ne doivent retenir l'attention que dans la limite juste suffisante pour éviter l'explosion ou plus exactement pour éviter un trouble susceptible de compromettre l'objectif n°1 ».

Cette situation ne saurait laisser les pays en développement sans réaction :

> « Car enfin ce Tiers-Monde ignoré, exploité, méprisé, comme le Tiers-État, veut, lui aussi, être quelque chose » (*Ibid.*, p.14)[1].

Cette période ouvre la voie à de nombreuses questions, parmi lesquelles celle de la responsabilité des pays riches vis-à-vis de la situation des pays pauvres ; questions qui se cristallisent dans un mouvement critique sur la pensée et les politiques du développement.

2. L'émergence d'un mouvement critique

La montée des revendications d'indépendance prend une tournure particulière lors de la conférence de Bandoeng en 1955 en Indonésie. Les pays non alignés et indépendants, en majorité en Asie, se positionnent comme acteurs des changements en affirmant vouloir aider les autres pays à prendre la voie de l'indépendance. Bien que le communiqué final de la conférence soit marqué par une neutralité à l'égard des deux blocs de la guerre froide, il condamne sans ambiguïté la colonisation[2]. La section F de ce communiqué, concernant la Déclaration sur les problèmes des peuples dépendants, stipule :

> « La Conférence afro-asiatique a discuté les problèmes des peuples dépendants et du colonialisme et des maux résultant de la soumission des peuples à l'assujettissement de l'étranger, à

[1] Rappelons que cet article est à l'origine de l'expression « Tiers-Monde ».

[2] Pour plus de détails sur cette conférence voir par exemple Guitard (1976). Le lecteur peut également consulter le texte de ce communiqué sur : http://www.cvce.eu/obj/communique_final_de_la_conference_afro_asiatique_de_bandoeng_24_avril_1955-fr-676237bd-72f7-471f-949a-88b6ae513585.html

> leur domination et à leur exploitation par ce dernier. La Conférence est d'accord :
> 1) Pour déclarer que le colonialisme, dans toutes ses manifestations, est un mal auquel il doit être mis fin rapidement ;
> 2) Pour déclarer que la question des peuples soumis à l'assujettissement à l'étranger, à sa domination et à son exploitation constitue une négation des droits fondamentaux de l'homme, est contraire à la Charte des Nations Unies et empêche de favoriser la paix et la coopération mondiales ;
> 3) Pour déclarer qu'elle appuie la cause de la liberté et de l'indépendance de ces peuples ;
> 4) Et pour faire appel aux Puissances intéressées pour qu'elles accordent la liberté et l'indépendance à ces peuples ».

Dans ce contexte, la pensée se radicalise et de nombreuses critiques sur le développement surgissent. Au-delà de la dimension politique, ce mouvement radical connu sous le nom de *Tiers-mondisme*[1] émerge en tant que contestation de la pensée keynésienne structurelle et mécaniste d'après guerre. Certes, la notion de *Tiers-mondisme* est l'objet de débats intenses. Les opposants au mouvement Tiers-mondiste voient dans cette appellation une bonne occasion de ranger pêle-mêle les contestataires du processus de développement, quitte à en gommer l'hétérogénéité au profit d'une caricature grossière d'une gauche radicale[2]. Au sein de la gauche, elle-même, des points de vue différents existent quant au mouvement Tiers-mondiste. Michel Rocard, dans sa postface à un ouvrage de René Dumont en 1986 déclarait :

> « Mais force est de constater que le Tiers-mondisme a servi surtout à gauche à se démarquer de la politique menée jusqu'en 1981. Cela était d'autant plus facile que les politiques d'aides bâties à cette époque avaient explicitement pour objectif de favoriser la reproduction de notre modèle de développement. Lut-

---

[1] Suivant en cela l'expression de Tiers-Monde forgée par Alfred Sauvy (1952).

[2] De fait, ce sont plutôt les opposants au mouvement tiers-mondiste que les tiers-mondistes eux-mêmes qui dénomment ce mouvement de la sorte. Voir par exemple Rony Brauman, un des fondateurs de *Médecins sans frontière*, qui n'hésite pas à faire des amalgames et à rejeter en bloc toutes les thèses défendues par ce mouvement : Brauman (1986). Pour une bonne analyse du débat voir Szczepanski-Huillery (2005).

> ter contre ces orientations établissait une frontière entre la gauche et la droite » (Rocard, 1986, p.287)[1].

Et Rocard de poursuivre :

> « Malheureusement le Tiers-mondisme n'a pas résisté à l'idolâtrie. Trop souvent sans doute [...] le Tiers-Monde et ses dirigeants ont été substitués au prolétariat dans l'univers de gauche. Le Tiers-mondisme a alors cessé d'être un engagement collectif pour devenir un simple enjeu intellectuel, un sujet de joutes stériles » (*Ibid.*).

Ce que Rocard remet en cause dans cette citation, est le manque de recul de certains Tiers-mondistes vis-à-vis de gouvernements socialistes des pays du Tiers monde qui ont tourné à la dictature.

Toutefois, le mouvement Tiers-mondiste trouve une certaine unité dans sa critique des politiques de développement. Constatant que les pays du Tiers-monde sont coincés dans une relation de dépendance vis-à-vis des anciens colonisateurs, dépendance réaffirmée par les stratégies menées avec la guerre froide, cette pensée critique redonne une place aux relations de domination et de pouvoir.

De la dépendance aux inégalités économiques de développement

D'un point de vue économique, la critique prendra la forme de trois thèses complémentaires, celle de la dégradation des termes de l'échange (Prebisch, 1950 ; Singer, 1950), puis celle de l'échange inégal (Emmanuel, 1969) et de la dépendance économique (Dumont, 1962), pour aboutir à la thèse plus politique de l'impérialisme, des féodalités et de l'antagonisme des classes sociales (Jalée, 1965 ; Amin, 1970 ; Frank, 1978).

La thèse de la dégradation des termes de l'échange part du constat que les prix des produits primaires, ceux-là mêmes qui constituent les productions principales des pays en développement, se détériorent relati-

---

[1] Michel Rocard, dans sa postface au titre évocateur « Le tiers-mondisme est-il l'avenir du socialisme ». Rappelons, pour les plus jeunes lecteurs, que Michel Rocard fut premier secrétaire du parti socialiste en France, et aussi premier ministre du gouvernement socialiste entre 1988 et 1991. Postface dans Dumont (1986).

vement à ceux des produits manufacturés, essentiellement dominants dans les pays riches[1]. Ce différentiel serait particulièrement dû au poids des salaires. Les salaires augmentant dans les pays riches, les prix des produits manufacturés augmentent aussi comparativement aux prix des produits primaires. Il en découle alors un échange inégal et l'avantage que tout le monde doit trouver à la libéralisation des échanges est remis en cause. De la dégradation des termes de l'échange à l'explication d'un échange inégal, il ne reste plus qu'un pas à franchir pour interpréter cette tendance comme un mécanisme de dépendance des pays du Tiers-Monde vis-à-vis des pays industrialisés, et, de là, le reflet d'un mécanisme de domination où les pays riches puisent, voire pillent, les ressources des pays pauvres pour leur propre développement et au détriment de celui de ces derniers.

Il est évident que la thèse de la dégradation des termes de l'échange est au cœur de la polémique. C'est sur cette base que les autres thèses peuvent s'appuyer pour mettre en évidence le mécanisme de domination et d'exploitation des pays pauvres par les pays riches. Il n'est pas alors anodin qu'elle ait suscité un intérêt majeur et qu'elle ait fait l'objet de multiples vérifications empiriques[2]. Ce qui nous intéresse n'est cependant pas ici de savoir si elle est vérifiée. Il s'agit juste de constater le rôle essentiel qu'elle a joué dans le mouvement de contestation du processus de développement orchestré par les pays riches.

Un modèle de développement naturaliste contesté

La contestation du développement prit une forme radicale chez certains auteurs, en contestant même l'idée. On trouve par exemple chez Gilbert Rist (1996) l'idée que le développement n'est ni plus ni moins qu'une religion moderne, religion imposée par les pays occidentaux au reste du monde. La force de cette religion est de laisser croire qu'il s'agit d'un processus quasi naturel, un processus inéluctable porté par

---

[1] Le constat a été initialement formulé dans une publication des Nations Unies en 1949, indiquant qu'entre 1876-1880 et 1936-1938, les prix des produits primaires se sont détériorés de 40% par rapport aux prix des produits manufacturés (ONU, 1949). Pour une présentation plus détaillée de ces thèses voir Assidon (1992), *op.cit.*

[2] Voir par exemple, pour une mise au point du débat, Harvey et *al.* (2010).

les progrès des techniques et de la science, eux-mêmes porteurs de croissance.

Le développement est en somme présenté comme un processus d'évolution naturelle dont les strates d'évolution ne sont pas les mêmes selon les pays. De ce point de vue, le discours du Président américain Harry S. Truman, lors de son investiture le 20 janvier 1950, appuie un processus quasi naturaliste, clivant les pays entre avancés et non avancés. Il positionne automatiquement les États-Unis au-dessus des autres. Dans le contexte de la guerre froide, ce discours n'est pas anodin. En apportant leur aide, les États-Unis se positionnent en « père » bienveillant des peuples, face au « petit père des peuples »[1].

Les pays sous-développés sont comme les enfants qu'il s'agit d'aider, tout en les dominant. Ce que le mouvement Tiers-mondiste souligne, ce ne sont pas seulement les inégalités économiques inhérentes au processus de développement, c'est aussi et surtout la domination des pays riches. Une domination qui ne se résume pas à une domination économique, mais qui est pensée comme une domination culturelle. Il s'agit d'aider les pays pauvres à franchir le pas vers une culture moderne ; comme s'ils étaient restés enfermés dans des systèmes culturels traditionnels les empêchant de progresser. L'idéologie économique se combine à l'idéologie culturelle, celle de la supériorité de la technologie moderne sur les cultures traditionnelles. Rostow (1963, p.167) dans un passage où il évoque les raisons de la colonisation note :

> « Mais il y avait aussi une autre raison pour que les nations fassent usage de leur puissance militaire dans les colonies, et cette autre raison est liée, non à la structure des forces en présence en Europe, mais aux formes de la société dans les régions coloniales elles-mêmes. Les colonies ont souvent été fondées à l'origine, non pour atteindre un objectif principal de politique nationale, ni même pour exclure une puissance économique vitale, mais pour remplir un vide ; c'est-à-dire pour organiser une société traditionnelle incapable de le faire elle-même (ou se re-

[1] Bien sûr par référence ici à l'appellation courante en Russie pour désigner les tsars, et dont Staline n'hésita pas à abuser.

> fusant à le faire) en vue d'activités modernes d'importation et d'exportation, y compris la production pour l'exportation ».

Outre son caractère ouvertement méprisant, cette citation révèle bien une forme de sentiment dominant durant la période d'après guerre, celui que les pays du Tiers-Monde sont incapables de se prendre en charge par eux-mêmes pour atteindre la voie du progrès et du développement. L'aide au développement, fusse-t-elle militarisée, apparaît, à travers cette grille de lecture, comme une œuvre de progrès.
S'opposent alors deux thèses radicalement différentes : d'un côté la thèse de la modernisation justifiant les pires travers de la colonisation et de l'autre celle de la domination des pays riches sur les pays pauvres. C'est dans ce contexte que surgit l'éthique du développement.

5
Entre économie et humanisme : la naissance de l'éthique du développement

L'éthique du développement se nourrit des multiples constats sur le processus de développement, de ses excès et de ses ratés. On trouve chez les fondateurs, Louis-Joseph Lebret, François Perroux et Denis Goulet, des références abondantes aux analyses critiques du développement. Mais, ce qu'elle propose, dépasse ces critiques pour entrer dans une discussion normative sur la visée de ce qui devrait être. Or cette visée éthique ne se réduit pas à un discours incantatoire, bien qu'il soit omniprésent parfois, elle exige aussi, en conformité avec l'idée d'une morale pratique, de reconnaître les responsabilités, d'influer sur les pratiques et de mettre en place des principes de sanction quand les responsabilités ne sont pas respectées. La morale pratique du développement rejoint la volonté de codifier la déontologie des développeurs. Surtout, elle appuie ses analyses sur la nécessité de prendre en compte l'humain sous les processus économiques. Les personnes ne sauraient être considérées comme de simples choses et les effets des processus de développement sur leur bien-être doit dicter les politiques de développement.

Un phrase attribuée tantôt à Louis-Joseph Lebret, tantôt à François Perroux résume assez bien l'orientation humaniste de ce mouvement de pensée : « Le développement de tout l'homme et tous les hommes ». François Perroux de préciser ce qu'il entend par développement de « tout l'homme » :

> « Économie de tout l'homme veut dire que l'être humain entier est accueilli avec ses mobiles allocentriques et ses mobiles égocentriques, dans des structures entièrement ouvertes et non prédéterminées, mais telles qu'en aucun de leurs aspects ni en aucun point de leurs transformations, elles ne fassent obstacles à

> la réalisation par la personne de ce que celle-ci considère comme ses ultimes valeurs : soit des idées (justice, vérité), soit une foi transcendante » (1961, p.708).

Je souligne le terme « personne » dans cette citation car il n'est pas utilisé de manière anodine et comme synonyme d'individu ou d'agent. François Perroux, comme Louis-Joseph Lebret, se rattache au personnalisme, un courant de pensée qui remet au centre de la réflexion l'humain dans toutes ses dimensions. C'est donc d'abord ce courant de pensée qu'il faut présenter, avant d'en venir aux auteurs phares de l'éthique du développement et au mouvement *Économie et Humanisme* qu'ils ont fondé.

1. Le personnalisme

Le personnalisme est une doctrine philosophique développée en France au début du XXème siècle. Elle cherche à créer une rupture radicale avec l'ancienne éthique catholique caractérisée par le triptyque : condition pécheresse de l'homme, existence d'un ordre naturel, et autorité du clergé. À la place de ce triptyque, le personnalisme met en avant la reconnaissance de la liberté comme caractéristique fondamentale et transcendantale de la personne, le développement d'une conscience historique, incluant l'interprétation des textes sacrés, et le rôle de la laïcité (Meunier, 2007).

Le retour à la pensée de Thomas d'Aquin : personne et bien commun

Il s'agit d'un mouvement qui se situe dans la lignée des relectures de Thomas d'Aquin, en particulier qui, reprenant les concepts de personne et de bien commun chez Thomas d'Aquin, tente de refonder la pensée catholique. Largement ancré dans le courant des dominicains, ce mouvement a eu une influence notable sur la doctrine de l'église et notamment le Pape Paul VI. Jacques Maritain (1882-1973) en fut un des précurseurs et a entretenu une relation forte avec le Pape Paul VI, notamment quand ce premier a été nommé à l'ambassade de France au Vatican (1945-1948)[1]. Né en 1882 à Paris, il ne devient catholique

[1] Le Pape fit d'ailleurs traduire un de ses ouvrages en italien et le préfaça : Maritain J. (1952).

qu'en 1906. Il suit d'abord les cours d'Henri Bergson au Collège de France avant de s'en détacher totalement au profit du thomisme. Il publie en 1914 un ouvrage critique sur la pensée de Bergson en même temps qu'une défense de celle de Thomas d'Aquin[1].

Le personnalisme des années 1930

Le terme « personnalisme » aurait été utilisé pour la première fois en 1903 par Charles Renouvier (1815-1903), à la fin de sa vie, pour qualifier sa philosophie (Renouvier, 1903). La philosophie de Renouvier repose sur l'idée de non-séparation de la théorie et de la pratique, avec comme élément d'articulation entre les deux la personne libre (Turlot, 2005)[2]. Le personnalisme prend cependant une dimension bien plus forte dans les années 1930. Durant cette période de crise (crise économique de 1929, mais aussi montée du fascisme et du communisme, en fait une crise de civilisation selon ce mouvement), le personnalisme se constitue comme un mouvement alternatif aux pensées extrêmes et au libéralisme. Il centre sa pensée sur le respect de la dignité de la personne. Ce mouvement est cependant loin d'être uniforme et trois tendances apparaissent (Loubet del Bayle, 1998) : la *Jeune Droite* composée d'intellectuels catholiques, mais qui tombera dans le piège de l'extrême droite notamment avec le rapprochement de certains de ses membres du mouvement monarchiste l'*Action française* ; L'*Ordre Nouveau* qui constitua un mouvement plus diffus et aussi plus éphémère (il disparut en 1938) ; et un mouvement de chrétiens, principalement catholiques regroupés autour de la revue *Esprit*. Ce dernier fut le plus marqué à gauche du spectre politique et le plus influencé par Jacques Maritain. Emmanuel Mounier, dans les années 1930, fut certainement un des penseurs les plus influents de ce mouvement personnaliste et l'artisan de la revue *Esprit* (Meunier, 2007)[3]. Né en 1905, il est souvent considéré comme le père du personnalisme. Il fait des études de philosophie et rencontre Jacques Maritain, mais subit aussi l'influence d'Henri Bergson et surtout de son disciple Jacques Chevalier, son

---

[1] Les œuvres complètes de Jacques Maritain ont été publiées conjointement par les éditions universitaires de Fribourg et les éditions Saint-Paul à Paris en 1991.

[2] Voir cet auteur pour une introduction à la pensée de Charles Renouvier.

[3] La revue Esprit a été fondée par André Deléage, Louis-Emile Galey et Georges Izard. Mais la revue ne prit un véritable envol qu'avec l'arrivée d'Emmanuel Mounier.

professeur de philosophie à l'université de Grenoble. Il forge ainsi sa propre pensée aux confluences de Maritain et Bergson.

Le personnalisme : toute la personne

Sans prétendre résumer la pensée d'Emmanuel Mounier, on fera ressortir quelques traits essentiels de sa philosophie personnaliste. Tout d'abord, la personne est unique. Elle ne peut se résumer à un ensemble de caractéristiques.

> « Or, la personne n'est pas un objet. Elle est même ce qui dans chaque homme ne peut être traité comme un objet » (Mounier, 2010, p.9).

Pour cette raison, bien que l'on puisse décrire les gens à partir de certaines caractéristiques, la personne échappe à toute classification.

> « Voici mon voisin. [...]. Il est fonctionnaire [...]. Il est de la même façon un français, un bourgeois, ou un maniaque, un socialiste, un catholique, etc. [...]. Les milles manières dont je puis le déterminer comme un exemplaire d'une classe m'aident à le comprendre et surtout à l'utiliser, à savoir comment me comporter avec lui. Mais ce ne sont que des coupes prises chaque fois sur un aspect de son existence. Mille photographies échafaudées ne font pas un homme qui marche, qui pense et qui veut » (*Ibid.*).

Et Mounier d'ajouter que ce n'est pas en sur-individualisant les gens que l'on obtient une personne, car un monde sur-individualisé est l'opposé d'un « univers personnel ». L'univers personnel est « l'aventure d'une liberté responsable ». Ce qui caractérise une personne est avant tout sa liberté responsable. Une personne est libre en même temps que responsable. C'est ce diptyque liberté-responsabilité qui d'emblée fait la personne.
Il faut cependant comprendre ce diptyque comme un élément en mouvement, toujours en création et en développement, qui, toujours confronté à la réalité, se forge dans les actions de la personne.

> « Je suis personne dès mon existence la plus élémentaire, et loin de me dépersonnaliser, mon existence incarnée est un facteur essentiel de mon assiette personnelle » (*Ibid.*, p.31).

On pourrait dire que, dans le temps et par ses actions, la personne se construit une identité personnelle. Cette identité personnelle, ou l'univers personnel pour reprendre le terme de Mounier, est « la perfection d'une liberté combattante ». C'est par son engagement responsable que la personne se construit. Et pour cette raison, il ne saurait y avoir de responsabilité sans engagement. L'action ne peut être déconnectée des valeurs. On retrouve ici la non-séparation entre la théorie et la pratique mise en avant par Charles Renouvier, car les valeurs ne peuvent se réduire à la sphère mentale. Elles s'inscrivent dans l'action et la pratique. La philosophie personnaliste est une philosophie de l'engagement.

Pour cette raison, l'économie dans la perspective personnaliste se doit d'être une économie qui donne une place à l'éthique. Si Mounier reconnaît que l'économie « a sa fin et sa mesure propre dans l'efficacité », il note immédiatement que :

> « L'homme ne se satisfait pas de fabriquer et d'organiser s'il ne trouve pas, dans ces opérations, sa dignité, la fraternité de ses camarades de tâche, et quelque élévation au-dessus de l'utilité : il ne fabrique même bien que dans ces conditions » (*Ibid.*, p.106).

Sinon :

> « L'économiste qui les ignore annonce le technocrate qui traite les rapports humains comme s'ils n'étaient que des lois objectives portant sur des choses » (*Ibid.*, p.106).

Mounier d'en déduire que :

> « L'économie ne peut définitivement résoudre ses problèmes que dans les perspectives du politique qui l'articule à l'éthique » (*Ibid.*, p.106).

Cet engagement responsable est même ce qui caractérise la dignité de la personne.

> « Le respect de la personne humaine, ce n'est que secondairement le respect de la vie : le respect de la vie risque de ne pas déborder le goût de vivre instinctif ; le refus de tuer, de couvrir la répugnance à être tué, anoblie par projection. Or vouloir

> vivre à tout prix, c'est accepter de vivre un jour au prix des raisons de vivre » (*Ibid.*, p.91).

Et Mounier de continuer :

> « Nous n'existons définitivement que du moment où nous nous sommes constitué un carré intérieur de valeurs ou de dévouements dont nous savons que la menace même de la mort ne prévaudra pas contre lui ». (*Ibid.*, p.91).

À travers le personnalisme d'Emmanuel Mounier, c'est donc un appel à considérer la personne dans son entièreté. Elle ne peut se réduire à une somme de caractéristiques descriptives que l'on trouve dans les classifications statistiques. Elle dépasse l'individu pour devenir une personne vivante, pensante, chargée de valeurs, libre et responsable en concrétisant ses valeurs à travers ses actions. La personne n'est pas une somme de caractéristiques, elle est un tout. Là encore, il ne faudrait pas commettre l'erreur d'ajouter aux caractéristiques usuelles, les valeurs, par exemple à partir d'enquêtes, car ce serait encore réduire la personne et ne pas voir le processus à l'œuvre dans la concrétisation de ces valeurs à travers l'action.

La concrétisation du personnalisme dans le développement

Ce détour par le personnalisme permet de mieux saisir la maxime des fondateurs de l'éthique du développement Louis-Joseph Lebret et François Perroux : « Le développement de tout l'homme et tous les hommes ». Bien sûr, il s'agit de considérer les améliorations des conditions de vie des hommes, mais aussi de leur liberté-responsable car un développement qui vise à garantir la dignité de l'homme est aussi un développement qui permet à l'homme de s'engager et de faire vivre ses valeurs dans ses actions.

Avec cet ancrage dans le personnalisme, l'originalité de l'éthique du développement naissante après la seconde guerre mondiale, est de sortir des schémas critiques macroéconomiques pour remettre au centre des analyses les personnes, certes leurs conditions de vie, mais aussi leur capacité à faire vivre leurs valeurs, et avec cette dernière leur émancipation. La critique de la domination des pays riches prend une autre tournure, car elle porte en elle la nécessité du respect des personnes, au sens où nous venons de les décrire. Cette ligne de pensée fonde le mouvement *Économie et Humanisme*, avec en particulier Louis-Joseph Lebret et François Perroux.

2. Louis-Joseph Lebret : le grand artisan d'*Économie et Humanisme*

On attribue généralement à Louis-Joseph Lebret (1897-1966) la fondation de l'éthique du développement (Gasper, 2006b). Dans un article de 1963 (Lebret, 1963b), il plaidait en faveur d'une démarche éthique concernant le développement, en même temps qu'il en initiait l'appellation. Ce prêtre dominicain a eu un parcours peu conventionnel, retraçant son besoin de concilier réflexions de plus haut niveau et actions engagées sans relâche jusqu'à la fin de sa vie (Houée, 1997). En cela, comme d'autres dominicains de son époque[1], il adopte une position personnaliste dans la lignée d'Emmanuel Mounier.

Lebret : un homme de terrain

Tandis qu'Emmanuel Mounier peut être considéré comme le théoricien du personnalisme, Lebret cherche à comprendre le terrain pour fonder le personnalisme dans une analyse empirique du quotidien des populations. Pour le citer:

> « Se mettre à l'école de ceux qu'on dit le peuple, de ceux qu'on dit les humbles et qui sont ceux qui savent en réalité, qui ont une richesse sûre de connaissance, au lieu de notre tintamarre de formules puisées dans les livres »[2].

Son personnalisme est caractérisé par une triple utopie (Silva, 2014) : elle est motrice en ce sens qu'elle ouvre les yeux et permet de prendre conscience des enjeux sociétaux ; elle est une utopie créatrice parce qu'elle est ancrée dans l'action ; elle est émancipatrice parce qu'elle

---

[1] En particulier Marie-Dominique Chenu (1895-1990) qui fut un des instigateurs du renouvellement du thomisme, et Yves Congar (1904-1995) qui joua un rôle important lors du Concile Vatican II.

[2] Texte manuscrit de L-J. Lebret cité par Suavet T. (1968, p.146).

insiste sur les conditions préalables à la liberté avant toute forme d'engagement.

Entamant d'abord une carrière dans la Marine Nationale à l'âge de 18 ans, il fut récompensé pour son courage durant la première guerre mondiale, mais la quitta en 1923 pour entrer au noviciat des dominicains à Angers. En 1929, de retour dans sa Bretagne natale, il se trouve confronté à la misère des familles de pêcheurs et plus largement à celle des familles vivant sur la côte. Il se lance alors dans une enquête qui le conduit dans les 400 ports de France afin d'évaluer au mieux la situation. Son constat est sans appel : l'industrialisation de la pêche détruit la pêche artisanale et plonge les familles dans la misère. Initiateur du Mouvement de Saint-Malo qui prône la mise en place d'un système corporatiste, il fonde la Jeunesse Maritime Chrétienne visant à promouvoir un tel système et repart enquêter dans différents ports d'Europe (en Belgique, en Grande-Bretagne, en Allemagne, au Danemark, etc.).

À la quête de la fondation d'un mouvement plus large, il crée le mouvement *Economie et Humanisme* en 1941 (qui donna la revue du même nom), dont l'objectif est de promouvoir la voie communautaire pour le développement des sociétés. En 1945, il entre au CNRS et commence à parcourir le monde, l'Asie, l'Afrique mais surtout l'Amérique Latine où il noue des relations avec l'économiste argentin Raúl Prebisch et la Commission Economique pour l'Amérique Latine (CEPAL). Il fonde à Montevideo le Centre Latino-Américain d'Economie et Humanisme (CLAEH) en 1957, puis de retour à Paris en 1958 l'Institut international de recherche et de formation en vue du développement harmonieux (IRFED) et la revue *Développement et Civilisations*.

Devenu délégué du Vatican dans les instances internationales à la suite de l'élection du pape Paul VI le 21 juin 1963, dont il deviendra un conseiller discret, sa marque se trouve dans l'encyclique *Populorum Progressio* (pour un développement équilibré du monde) publiée en 1967 et présentée par le pape comme un hommage en la mémoire de Lebret.

Rejetant les clivages entre la science et l'action, Lebret n'aura de cesse de fonder une économie humaine qu'il définit comme

« ...discipline du savoir, [qui] est la science des réalités sociales envisagées en fonction de la montée humaine universelle » (Lebret, 1966, p.49). Science qui conjugue observations empiriques, démarche analytique et approche normative, avec pour but le développement en tant que :

> « ...série, ou plus exactement les séries ordonnées, des passages, pour une population déterminée et pour toutes les fractions de la population qui la composent, d'une phase moins humaine à une phase plus humaine, au rythme le plus rapide possible, au coût le mois élevé possible, compte tenu de la solidarité entre les fractions de la population nationale, et de la solidarité entre les nations » (*Ibid.*, p.49).

Son apport reste considérable. Il articule dans ses écrits sur le développement, en particulier dans *Manifeste pour une économie humaine* (1959), *Le drame du siècle* (1960), ou encore *Dynamique concrète du développement* (1963a), cinq éléments structurant le champ de l'éthique du développement : tout d'abord la nécessité d'analyser la misère avec rigueur ; ensuite la prise en compte essentielle de la reconnaissance des populations et de leurs valeurs, sans laquelle les révoltes et conflits risquent d'être légion ; la distinction entre croissance « saine » et croissance « déviée », la seconde n'assurant pas la juste redistribution des richesses et le mieux être des populations ; l'aide au développement qu'il juge paternaliste, insuffisante et inadaptée (pour reprendre le titre du chapitre XIII de son livre *Le drame du siècle*) ; et enfin la responsabilité, non seulement historique, mais aussi toujours bien présente des pays colonisateurs, du fait de leur pouvoir, vis-à-vis des situations de misère et de souffrance, au point que :

> « Leur paresse à penser comme leur mollesse à agir ne peuvent être que criminelles. Quand l'humanité est si gravement menacée, toute carence mérite châtiment » (Lebret, 1960, p.128).

La disparition de Lebret laisse une page entrouverte de l'éthique du développement, que la recherche francophone ne reprendra que bien plus tard. Le mouvement *Économie et Humanisne* continuera certes sa réflexion et ses publications[1], mais désormais avec un effacement de la question du développement, privilégiant d'autres pistes d'analyses (par exemple celle de l'éthique des affaires sous la plume d'Hugues Puel, 1989).

Un apport centré sur l'homme, ses conditions de vie et la responsabilité des développeurs

C'est évidemment un exercice périlleux de résumer l'apport de Louis-Joseph Lebret, et ce d'autant plus qu'il ne peut pas se mesurer uniquement à sa réflexion académique. C'était un homme de terrain qui a initié la création et le développement de nombreuses institutions et mouvements. Néanmoins, d'un point de vue académique, certains thèmes marquent par leur récurrence. Il est possible de les lister comme suit :

a) Il insiste sur les conditions de vie des populations. À l'époque où l'analyse du développement est marquée par de grandes analyses sur les structures et la macroéconomie, l'analyse des conditions de vie est un apport majeur. Ce genre d'analyse sera évidemment l'objet de développements considérables en économie à partir du milieu des années 1980, à l'image des enquêtes sur les niveaux de vie menées par la Banque mondiale (Living Standard Measurement Study). Mais le caractère précurseur de ses analyses se retrouve encore dans les développements actuels de la microéconomie du développement, par exemple à travers les analyses en termes de vulnérabilité des populations.

b) Il relève l'importance des valeurs dans les choix et les stratégies des personnes, ouvrant la voie à des analyses plus sophistiquées des choix et de la rationalité. De ce point de vue, si certains économistes de renom ont eux aussi fait valoir l'importance de croiser les jugements de

---

[1] Roland Colin succéda à Louis-Joseph Lebret. Roland Colin exerça des fonctions de conseiller à haut niveau au Sénégal et au Mali. Fortement engagé dans la réflexion sur l'indépendance auprès des chefs de gouvernements ouest-africains, il apparaît plus comme un homme de cabinet engagé que comme un homme de terrain. En France, il exerça des fonctions auprès du Ministère de la coopération puis de l'OCDE.

valeurs et le comportement des personnes, c'est surtout l'anthropologie qui s'est emparée de ce type de question.

c) Sur la base de l'analyse des conditions de vie et des valeurs des populations, il forge un discours critique sur la croissance, soulignant qu'elle ne saurait être un remède miracle et que la pauvreté et les inégalités constituent des enjeux à traiter plus sérieusement que par un simple effet mécanique de la croissance sur le niveau de vie des populations.

d) Il souligne les responsabilités des pays riches dans les situations des pays pauvres et en appelle alors à des mécanismes de sanction ou de compensation. Un débat qui fait désormais l'objet d'analyses en philosophie politique et morale, mais également chez certains économistes.

e) Enfin, il n'a jamais séparé la réflexion de la pratique. Engagé, il n'a pas seulement dénoncé les travers des modèles de développement, il a aussi, à son échelle, œuvré pour modifier les pratiques de développement.

3. François Perroux : une économie fondée sur l'homme plutôt que sur les choses

Co-fondateur du mouvement *Économie et Humanisme*, François Perroux (1903-1987) fut certainement un des économistes français les plus marquants de sa génération. Il fit ses études à Lyon puis y enseigna jusqu'en 1936, intégra, à Paris, le Collège de France de 1955 à 1974, avant de prendre sa retraite. Il œuvra au développement de la pensée francophone sur le développement en fondant plusieurs revues (*Mondes en développement*, *Tiers-Monde*, etc.). Comme pour Lebret, il ne s'agit pas ici de résumer toute la pensée de Perroux. Plutôt de souligner une partie de sa pensée rejoignant l'éthique du développement.

Du modèle de domination...

Perroux participa activement à la critique des modèles de développement en mettant en évidence le rôle des relations de pouvoir et de domination[1]. Comme il le souligne :

> « Nous ne possédons pas une théorie d'ensemble, cohérente et utilisable, de ce que je propose de nommer l'effet de domination en économie ; cette théorie nous procurerait une première synthèse, indispensable à la synthèse plus large entre une théorie de l'économie et une théorie de la force, du pouvoir et de la contrainte » (Perroux, 1961, p.27).

Et Perroux de poursuivre :

> « Encore moins, possédons-nous une théorie de l'économie internationalement dominante, élaborée sous le double rapport de la morphologie des effets de domination et de l'influence de l'effet de domination sur l'équilibre international » (*Ibid.*, p.27).

Il propose d'analyser l'effet de domination à travers deux dimensions complémentaires : la différence de pouvoir de négociation entre les agents et la différence de dimension (sur laquelle s'applique le pouvoir de négociation).
En somme, Perroux propose de remplacer les analyses mécanicistes du développement par une analyse des relations de pouvoir ; ce qui suppose d'identifier les acteurs en présence.

... à la reconnaissance des acteurs du développement

Si d'un côté, la pensée économique sur le développement se focalise sur les changements structurels nécessaires à la transformation des pays pauvres, tandis que de l'autre côté, la réalité de l'intervention des

---

[1] Voir par exemple *Pouvoir et économie*, Grenoble, Presses universitaires de Grenoble, 1973 ; ou *Pour une Philosophie du nouveau développement*, Paris, Aubier, 1981 ; ou encore *L'économie du XXe siècle*, Paris, Presses Universitaires de France, 1961.

pays riches en faveur de ces premiers se réduit plutôt à la poursuite d'une hégémonie mondiale, il n'en reste pas moins qu'une nouvelle catégorie d'acteurs émerge : celle des acteurs du développement.

On doit encore à François Perroux des réflexions novatrices sur ce sujet[1]. Rejetant aussi bien les modèles économiques statiques de l'équilibre de marché, que ceux structurels mécanistes, il intègre dans sa réflexion les agents dans le processus de développement (les États bien sûr, mais aussi les institutions internationales, les organisations non gouvernementales, les médias, etc.), afin d'en faire ressortir leur rôle dans les dynamiques. Il fonde pour cela une approche fondée sur les « unités actives », terme qui regroupe les acteurs du développement selon leur capacité à agir sur leur environnement. Cette capacité est définie pour chacun par leur *champ d'expériences*, leur *champ des possibles*, et leur *champ des pouvoirs*. Le premier est relatif au projet de l'acteur, à son histoire et au contenu de son projet. Le second renvoie à l'évaluation des fins et des moyens que l'acteur peut mettre en œuvre. Le troisième, enfin, se réfère à la capacité d'influence et de contrainte que l'acteur peut exercer sur les choses et sur les autres acteurs. Perroux propose en somme une analyse du rôle des acteurs et de la dynamique de ces acteurs dans le processus de développement en fonction des objectifs qu'ils se fixent et du pouvoir dont ils disposent pour les réaliser.

Dans de telles conditions, le développement ne peut plus s'appréhender comme une mécanique dont certains blocages doivent être dépassés. Il est un processus fait de jeux d'acteurs au cœur desquels les rapports de pouvoir sont inévitables. Pour cette raison, Perroux plaide pour un développement qui donne aux acteurs une responsabilité majeure ; et, de fait, les place en tant qu'acteurs responsables. Leur responsabilité relevant d'une responsabilité à l'égard des hommes, pas des choses, et en particulier de la couverture des coûts nécessaires pour assurer la qualité de vie et la liberté des hommes. Cette analyse permet également un déplacement du regard sur l'aide au développement puisque celle-ci devient avant tout une aide se devant d'être responsable à l'égard *du développement de l'homme et de tous les hommes*.

[1] Le lecteur peut lire le très bon article de Philippe Hugon (2003) sur le sujet.

Les coûts de l'homme

Pour élaborer une approche de la responsabilité des acteurs du développement, Perroux s'appuie sur l'idée de « coûts de l'homme ». Il commence par distinguer la croissance du développement, la première n'étant qu'une augmentation quantitative d'un indicateur spécifique (le produit global réel), le second étant qualitatif. Il implique des changements mentaux et sociaux. Or, la croissance ne saurait avoir de sens que dans la mesure où elle accompagne les changements de structures influencées par les facteurs mentaux et sociaux ; car le développement est avant tout un projet humain : « le projet humain l'emporte sur l'équilibre mécaniste d'où l'homme est à peu près banni » (Perroux, 1961, p.11).
Pour assurer la cohérence entre la croissance et le développement, il convient alors de couvrir les coûts de l'homme. Dans un article de 1952, qui reste certainement une des pages les plus importantes de sa pensée, Perroux définit les axes des politiques de développement associées aux coûts de l'homme comme :

> « 1° ceux qui empêchent les êtres humains de mourir (lutte contre la mortalité dans le travail professionnel et hors des limites de ce travail) ; 2° ceux qui permettent à tous les êtres humains une vie physique et mentale minima (activités de prévention hygiénique, de soins médicaux, de secours invalidité, vieillesse, chômage) ; 3° ceux qui permettent à tous les êtres humains une vie spécifiquement humaine, c'est-à-dire caractérisée par un minimum de connaissances et un minimum de loisirs (essentiellement : coûts d'instruction élémentaire, coûts de loisir minima) » (Perroux, 1952).

Les États doivent prendre en compte ces coûts dans leur politique de développement. Une telle analyse n'est pas sans rappeler la nécessité d'assurer les besoins fondamentaux des populations. L'originalité de Perroux dans ce domaine est d'établir un lien entre les coûts qu'il faut assurer à tous, pour garantir leur vie, et leur capacité à développer leur liberté. Il devance ici les analyses qui seront faites bien plus tard (par exemple chez Amartya Sen) sur la notion de liberté réelle. La liberté n'a de sens que si elle peut s'exercer réellement, ce qui suppose, en fin de compte, que les personnes puissent bénéficier d'un minimum qui leur permette de faire des choix. L'État trouve un rôle majeur qui n'est plus seulement de l'ordre des politiques macroéconomiques. Il doit avant tout veiller à assurer le développement de la vie et des libertés des personnes. « Au-delà des transferts de richesses, l'enjeu est un transfert de libertés vécues » (Perroux, 1961, p.297). Et Perroux de souligner dans une note de bas de page relative au peu d'efforts consentis pour couvrir les coûts de l'homme : « Il nous paraît que, tant que ce scandale n'est pas abordé de front, la science économique est une misérable recette d'enrichissement de quelques-uns ».

Des coûts de l'homme à l'économie du don

Couvrir les coûts de l'homme suppose de sortir du cadre international de rapports de pouvoir dans lequel se situent les acteurs du développement, pour former une économie du don :

> « Les transferts de capitaux sans contrepartie paraissent appelés à devenir une procédure non exceptionnelle, et, par force, une école de solidarité : ils amèneront nécessairement à l'exploitation d'une nappe, encore dormante et stérilisée aujourd'hui, de mobiles allocentriques qu'il est parfaitement injustifiable de ne pas utiliser économiquement » (*Ibid.*, p.323).

Bien qu'il refuse de considérer son analyse du don comme un point de vue normatif sur ce qu'il conviendrait de faire[1], il propose de distinguer le don pur et le pseudo-don. Tandis que le don pur possède une finalité dont le titre principal et exclusif est le service d'autrui, le pseudo-don renvoie à des mobiles plus égoïstes de la part du donateur. Cette distinction lui permet par exemple d'analyser l'aide au développement dans le contexte de la guerre froide comme une forme de

[1] Il note par exemple à la fin de son texte sur le don : « Mais c'est peut-être déjà trop dire. Arrêtons-nous. Nous nous sommes proposé une analyse objective de ce qui est. Refusons de céder si peu que ce soit à nos préférences ou à nos espoirs » (*Ibid*, p.344).

pseudo-don. Pour réduire la domination des pays du Nord sur ceux du Sud, il faut donc passer à des dons purs fondés sur des mobiles désintéressés. Ce sont ces dons purs qui assureront la couverture des coûts de l'homme.

4. Lebret et Perroux : points de convergence

Au risque de caricaturer et de gommer les différences entre Louis-Joseph Lebret et François Perroux, il est possible de faire ressortir des constantes dans les approches des deux hommes ; constantes qui fondent l'éthique du développement dans cette première période.

Tout d'abord, tous les deux soulignent la nécessité de tenir compte des conditions de vie réelles des gens, thème que l'on trouve abondamment chez Lebret à travers ses analyses empiriques, mais également chez Perroux à travers le concept de coûts de l'homme.

Ensuite, l'un comme l'autre dépassent l'assimilation entre croissance et développement, précisément du fait du recentrage de leur analyse sur l'humain plutôt que sur les aspects matériels de la croissance.

Enfin, de manière cohérente avec leur approche, ils mettent en évidence les responsabilités des acteurs du développement, en rejetant d'une part le caractère paternaliste et intéressé de l'aide, d'autre part en remettant au centre du processus ces acteurs, en proposant des analyses de leur rôle et des relations de pouvoir (chez Perroux) ou en militant pour l'autonomie et l'émancipation des populations (chez Lebret). Le développement ne peut éluder la question de la responsabilité des acteurs du développement.

6
L'éthique du développement dans la lignée de Lebret et Perroux

Le tiers-mondisme à la française reprit et répéta *ad libitum* les critiques sur le paternalisme des pays du Nord, l'acculturation des peuples et dénonça le faux progrès technique, mais sans jamais pointer les enjeux et la démarche éthiques. La diffusion de la pensée de Lebret et de Perroux prit deux orientations différentes. Lebret, par son engagement dans la construction de réseaux militants, exerça une influence notable en Amérique Latine, et dans une moindre mesure en Afrique. Mais c'est, de manière inattendue, dans le monde anglo-saxon que la pensée de Lebret eut indirectement le plus d'influence, en particulier par le relais de Denis Goulet.

Perroux eut, quant à lui, surtout une influence sur les économistes français, en particulier ceux qui allaient entamer, au tournant des années 1970, une réflexion sur la soutenabilité environnementale du développement.

1. L'influence de Lebret et Perroux en Amérique Latine et en Afrique

Louis-Joseph Lebret fit un premier voyage en Amérique Latine en 1947 pour un programme de conférences, réunions, cours et études. Lors de ce premier voyage, il tissa de nombreuses relations. Il eut cependant la « mauvaise idée » d'exprimer sa désapprobation sur l'interdiction du Parti communiste brésilien, Parti mis sur la sellette par la classe politique dominante. L'expression de cette opinion offusqua l'Église et le Vatican interdit de nouveaux séjours de Lebret en Amérique Latine. Ce ne fut qu'en 1952, qu'il fut autorisé à y revenir. Il eut malgré tout le temps en 1947 de fonder la SAGMACS (Société pour l'application du graphisme et de la mécanographie à l'analyse des complexes sociaux) avec plusieurs militants brésiliens. La

SAGMACS allait devenir le fer de lance d'*Économie et Humanisme* en Amérique Latine.

Du Brésil à l'extension en Amérique Latine

Les premiers développements du réseau *Économie et Humanisme* sur le continent latino-américain commencèrent au Brésil, avec la SAGMACS, et avec l'aide de l'ordre des dominicains qui accueillait et jouait un rôle de logistique pour Lebret[1]. La SAGMACS permit au réseau de mener une série d'études qui allait faire non seulement connaître la pensée de Lebret sur le développement, mais aussi illustrer la capacité du réseau *Économie et Humanisme* à réaliser des études de haut niveau et originales sur différents sujets touchant directement la vie des gens. De 1952 à 1954, il conduisit six enquêtes avec son ami Raymond Delprat. Grâce à la SAGMAS, il mena une enquête sur les structures et niveaux de vie de l'agglomération de São Paulo (1957-1958), puis de l'agglomération de Belo Horizonte (1958-1960), et une étude pour la planification de sept États brésiliens (1960) (Pelletier, 1996). Son étude sur les Favelas de Rio de Janeiro fut une des plus originales. Lebret collecta des informations jusque là jamais relevées et les présenta sous une forme statistique nouvelle à travers les radars ; une représentation désormais très usuelle. Avec l'appui de Raymond Delprat, il réalisa également des enquêtes en Colombie et en Uruguay. En Colombie, en 1956, fut créée la SAGMAESCO (Société pour l'application généralisée des méthodes d'analyse économique et sociale pour la Colombie). Le premier séjour de Lebret en Uruguay, à Montevideo, date de sa tournée sur le continent en 1947. Un groupe fut formé, « l'équipe du bien commun », qui réalisa différentes études. Le point culminant en Uruguay fut la création du Centre latino-américain de l'économie humaine (CLAEH) en 1958. Ce centre se voulait une plateforme articulant les différents réseaux en Amérique Latine.

---

[1] Cette section ne fait que retracer succinctement les relations de Lebret avec l'Amérique Latine. Pour plus de détails voir le très documenté article de Virgínia Pontual (2018).

D'autres réseaux et relations se sont institués au Pérou, au Chili, au Venezuela et en Argentine. Ce fut cependant à travers les *Cuadernos latinoamericanos de Economía Humana* que la pensée de Lebret trouvait sa meilleure diffusion. Ces cahiers publièrent 16 numéros entre 1958 et 1967 (dates du premier et dernier numéro). Ils permirent aux membres latino-américains du réseau de faire valoir leur point de vue, en même temps qu'ils donnaient la possibilité à Lebret et d'autres membres d'*Économie et Humanisme* en France de faire valoir le leur sur ce continent.

L'influence de Perroux en Amérique Latine fut très différente. Comme le notent Britto et Mendes Cunha (2018), Perroux eut une influence forte sur l'économiste Celso Furtado (1920-2004). Furtado a soutenu une thèse en économie en France et à cette occasion a découvert la pensée de Perroux. Il joua un rôle important au Brésil puisqu'il fut ministre de la planification sous le mandat de João Goulart (1961-1964), avant de s'exiler suite au coup d'État de 1964 qui allait installer la dictature. Il revint au Brésil dans les années 1980. Il fut nommé ambassadeur auprès de la Communauté économique européenne à Bruxelles en 1985, puis ministre de la culture en 1986. Il est resté une figure emblématique du *Parti des travailleurs*. Bien qu'il ne cite que très peu Perroux, Furtado reconnut dans un article publié en français en 1994, l'influence majeure que ce premier eut sur sa pensée (Furtado, 1994).

Présence africaine

L'influence de Lebret fut moindre sur le continent africain. Toutefois, en 1957, avant de rejoindre le Brésil, Lebret fit une escale au Sénégal pour faire une conférence au Centre culturel des dominicains. Le pays était alors en phase de transition vers l'indépendance, phase menée par Léopold Sédar Senghor et Mamadou Dia. Mamadou Dia avait rencontré François Perroux en France, et ce dernier avait accepté de le suivre dans ses travaux d'économie. Lorsque Mamadou Dia lança une série d'études pour connaître au mieux la situation du pays dans la phase de transition qu'il entamait, il fit naturellement appel à Perroux et Lebret. Les membres du réseau *Économie et Humanisme*, en collaboration avec des économistes sénégalais, allaient réaliser ces études préparant à l'indépendance[1].

2. Denis Goulet : le passeur d'idées

Denis Goulet (1931-2006) précisait en 1988 qu'il est beaucoup plus aisé d'évaluer ce qu'il ne faut pas faire que d'établir ce dont nous avons besoin. En ce sens l'éthique du développement ne peut se contenter d'une pure critique et doit se concentrer sur une analyse pointue des instruments économiques et des politiques économiques mises en œuvre. Le rôle de l'éthicien est d'analyser la valeur des instruments de politique utilisés. Par exemple, il se demandera si la politique de promotion des exportations favorise l'équité, si elle fragilise la culture locale, etc. Un tel jugement demande de s'appuyer sur des données techniques pertinentes afin que les professionnels du développement puissent en tirer des conclusions. Autrement dit, au-delà des considérations normatives, l'éthique du développement doit accorder une place centrale aux analyses positives, c'est-à-dire faciliter la compréhension de ce qui se passe. Pour citer Crocker (2006, p.XVII) dans son introduction à un recueil d'articles de Goulet, « L'éthicien du développement doit être, [...], un analyste, un critique, un avocat, et un agent du changement ».
Denis Goulet, après des études de gestion, s'oriente vers la philosophie de la religion. Déçu du caractère trop académique de la philosophie, et admiratif des personnes engagées dans des pratiques concrètes, à l'image de la philosophe Simone Weil, du mouvement des prêtres-ouvriers, ou encore de personnages atypiques tel Charles de Foucauld de Pontbriand (1858-1916) qui, descendant de la noblesse française, fut successivement officier militaire, explorateur, moine trappiste, ermite religieux, et finalement ira partager la vie de communautés musulmanes dans le Sahara ; Denis Goulet part en 1957 vivre avec les communautés inspirées de l'expérience de Charles de Fou-

---

[1] Un autre membre éminent d'*Économie et Humanisme* joua un rôle important. Il s'agit d'Henri Desroche. Pour plus de détails sur cette période et cette collaboration, voir l'article de Roland Colin (2018), un proche du mouvement qui fut membre du cabinet de Léopold Sédar Senghor.

cauld, en France, en Espagne et en Algérie. En 1959, il s'inscrit à l'Institut de recherche et de formation en vue du développement harmonieux (IRFED) créé par Louis-Joseph Lebret. Il devient alors l'élève de Lebret et le suit au Liban (1960), puis au Brésil (1961) où ils partagent la vie d'une communauté en Amazonie. En 1963, il soutient un doctorat en sciences politiques à l'université de São Paulo (Brésil). Il devient conseiller en développement à l'USAID (United States Agency for International Development) à Recife, Brésil (1964-1965). Puis, il part enseigner au Canada, à l'université de Saskatchevan, aux USA successivement à Bloomington, Santa Barbara, San Diego, Cambridge (M.A.), Washington (D.C.) ; assure également des enseignements en France, en Espagne, au Brésil, et en Pologne, tout en continuant à vivre en communauté quand il le peut, à l'instar de la communauté tzigane d'Andalousie en 1968. En 1979, il entre à l'université Notre-Dame, dans l'Indiana, où il enseigna jusqu'à sa mort.

Ses contributions sont abondantes. Un de ses ouvrages les plus cités, *The Cruel Choice: A New Concept in the Theory of Development*, publié en 1971, articule un pan entier de sa pensée autour de trois thématiques majeures. D'abord, celle de la vulnérabilité, une thématique qui, si elle a pris une ampleur notable aujourd'hui[1] est à l'époque tout à fait originale. Il définit la vulnérabilité comme l'exposition à des forces en dehors du contrôle des individus ou des sociétés. Mais plus original encore, il lie la vulnérabilité des personnes ou de certains pays à la responsabilité qu'ont à leur égard certaines autres personnes ou autres pays. La responsabilité s'articule de deux manières à la vulnérabilité. D'une part, la vulnérabilité de certains découle directement du comportement antérieur des autres. Le cas des pays en développement anciennement colonisés en est un exemple manifeste. Leur situation et leur vulnérabilité actuelles ne peuvent être comprises sans un regard sur le rôle qu'ont joué les pays colonisateurs dans le passé. La vulnérabilité des pays en développement découle donc directement de la responsabilité antérieure des pays colonisateurs. L'indépendance n'a rien effacé à cette responsabilité. D'autre part, indépendamment de la

[1] Voir par exemple Sirven (2007).

responsabilité antérieure, la vulnérabilité d'un pays dépend aussi des choix des autres, y compris quand les pays n'entreprennent rien pour l'aider. La responsabilité s'avère ainsi également immédiate.

Ensuite, il développe l'idée de « rationalité d'existence ». La rationalité d'existence désigne les stratégies utilisées par les sociétés ou les personnes pour fonder leurs choix pratiques destinés à assurer leur survie et satisfaire leurs besoins d'estime de soi et de liberté. Là encore, Goulet se montre tout à fait novateur. S'il pose directement l'enjeu des stratégies de survie des pays ou des personnes, un aspect qui fait encore une fois écho aux travaux actuels sur la vulnérabilité, il élargit l'enjeu des stratégies à la prise en compte de la liberté et de l'estime de soi. Cette référence à la liberté n'est pas sans rappeler l'approche des capabilités qui sera développée plus tard par Amartya Sen (*cf.* infra).

Enfin, il plaide pour un développement authentique. Il voit le développement tel qu'il se produit plutôt comme un anti-développement, un développement fondé seulement sur une progression purement quantitative des biens de consommation, sans que cela n'améliore la qualité de vie dans de nombreux pays en développement. Un développement authentique est un développement humain qui présente trois caractéristiques. Premièrement, il doit assurer l'élimination de la pauvreté. Goulet, rejetant tout relativisme culturel, s'appuie sur une théorie des besoins fondamentaux qu'il faut satisfaire pour sortir de la pauvreté. Deuxièmement, il suppose une austérité volontaire de la part des pays riches. Cette austérité est destinée à assurer une économie soutenable, voire un développement soutenable, c'est-à-dire ne pas endommager encore plus l'environnement et garantir une soutenabilité économique des dépenses. Troisièmement, il doit garantir la liberté culturelle et même la favoriser. En proposant un développement humain fondé sur ces trois grands attributs, Goulet devance largement de nombreux débats contemporains. Il invite ainsi à penser le développement à partir de critères normatifs, *id est* ce qu'est une vie bonne et par extension un bon développement, mais appelle également à des analyses empiriques sur les conditions de vie et les stratégies de survie des populations pauvres.

Finalement, il résume le problème du développement comme un processus visant à améliorer la qualité de la vie en tenant compte des valeurs des civilisations. Mais, ne tombant pas dans le piège du culturalisme, il considère que l'évolution des valeurs est une question qui renvoie à la participation des populations à leur propre développement.

À travers ses écrits et son engagement, Denis Goulet eut une influence considérable dans le monde anglo-saxon, tout en poursuivant l'œuvre de Lebret en Amérique Latine. Avec lui, la pensée de Lebret se diffuse outre-Atlantique. En même temps, il contribue à l'édifice de l'éthique du développement par de nouveaux concepts et de nouvelles analyses : la vulnérabilité, la rationalité d'existence.

3. L'influence de Perroux en France : des coûts de l'homme au service de la vie

L'influence de Perroux a été très marquée en France auprès des économistes. Le mouvement qui se développe à la suite de Perroux se situe également dans un mouvement plus large de langue anglaise sur l'éthique environnementale. Il s'insère plus directement dans un constat international des limites de la croissance, comme celles relevées dans le rapport Meadows publié en 1972 et au titre français évocateur[1] : *Halte à la croissance*. Il se distingue néanmoins fondamentalement de l'éthique environnementale en tentant de concilier, contrairement à cette dernière qui donne une priorité à la nature sur l'homme, le souci de préservation de l'environnement avec l'activité humaine, de sorte que la nature ne soit pas l'ennemi de l'homme, comme l'homme n'est pas nécessairement l'ennemi de la nature. La spécificité de l'éthique du développement tient dans cette volonté de concilier l'un et l'autre. Ce mouvement connut une filiation particulièrement vivace en France tandis que le monde de langue anglaise était plus marqué par le radicalisme environnemental, donnant une place subal-

---

[1] Notons que le titre anglais était : *The Limits to Growth*. Bien qu'il soit courant de l'appeler « rapport Meadows, il est cosigné par de nombreux auteurs (Meadows et *al.*, 1972).

terne à l'humain, malgré la fondation de l'écologie sociale par Murray Bookchin[1].

L'originalité de ce mouvement est de souligner le rôle essentiel de l'économie dans la vie humaine et d'insister sur le fait que la première doit être au service de la seconde. Le mouvement s'appuie particulièrement sur la notion de coûts de l'homme proposée par François Perroux.

Le développement au service de la vie

Les réflexions sur les coûts de l'homme initiées par François Perroux ont été prolongées en particulier par René Passet et Henri Bartoli en France.

S'appuyant à la fois sur une critique de la croissance et sur la nécessité de maintenir la vie, sous l'influence des travaux de Perroux, mais aussi d'un mouvement international en faveur de la prise en compte des enjeux environnementaux, particulièrement des travaux sur l'entropie appliquée à l'économie de Georgescu-Roegen (1972), de nombreux économistes étendent la réflexion sur le lien entre la vie et le développement à la sphère environnementale. Les travaux de René Passet font figure de pionniers en France.

Dans son ouvrage de 1979, *L'économique et le vivant*, René Passet souligne que la logique économique dominée par le marché n'assure, ni d'une part, la reproduction du milieu naturel, spolié par la logique productive et marchande, ni d'autre part, la reproduction de l'homme. Celui-ci se voit nié comme entité biologique nécessitant la couverture de ses besoins physiologiques. Il se voit nié aussi comme réalité psychologique puisque le modèle économique dominant l'assimile à un « [...] simple corpuscule subissant passivement les forces du marché [...]» (p.213). Enfin, il se voit nié comme réalité sociale puisque la personne est ramenée à un individu, c'est-à-dire une entité sans lien avec les autres, et la société à la somme de ces individus dont la valeur peut être déterminée par l'évaluation de leur capital humain.

---

[1] Murray Bookchin s'oppose à la fois à l'économisme productiviste et à l'écologie profonde. Il fonde l'écologie sociale. Pour une première approche lire Bookchin (2022).

Et Passet de conclure :

> « Seule la notion de 'coûts de l'homme', chère à François Perroux, pose la couverture des besoins vitaux (alimentaire, de culture et de santé) comme une exigence pour le système. L'homme retrouve sa vraie place, mais cette notion n'est, hélas, pas prise en compte dans le calcul économique » (*Ibid.*, p.214).

Redonner sens au développement économique, c'est ainsi le fixer dans les limites liées à la reproduction du vivant. Mais il ne s'agit pas de la nature pris au sens restrictif et de tomber dans les excès de l'écologie radicale ou *deep ecology* qui au nom de la conservation de la nature n'a que faire de l'homme. Il s'agit d'inscrire la logique du vivant comme contrainte à l'économie, l'homme étant lui-même soumis à cette logique et capable d'en assurer sa reproduction car :

> « […] seule la logique d'un facteur vivant, susceptible d'inscrire en sa conscience les exigences du vivant, est capable d'assurer la reproduction du vivant » (*Ibid.*, p.215).

Si René Passet a certainement contribué de manière significative à la pensée sur le développement durable, au sens des liens entre l'économie et l'environnement naturel, Henri Bartoli a apporté des réflexions majeures sur les aspects sociaux du développement[1]. Ces aspects sociaux sont tout aussi vitaux que les conditions de reproduction écologiques. Fortement marqué par la dimension humaine du développement, il précise ainsi :

> « Le développement ne se limite pas à la croissance. Humain, il lui ajoute l'amélioration du bien-être matériel dans les pays à bas revenu, qu'il s'agisse de l'alimentation, de la santé, de l'éducation, de la durée et de la dignité de la vie, c'est-à-dire des éléments qui ne l'accompagnent pas inéluctablement. Humain, il l'est aussi en ce que dynamisme de l'homme, il recherche sous toutes les latitudes l'instauration pour tous les

---

[1] Parmi les écrits de Henri Bartoli, il faut mentionner particulièrement trois ouvrages, *L'économie multidimensionnelle*, Paris, Economica, 1991 ; *L'économie au service de la vie*, Grenoble, Presses Universitaires de Grenoble, 1996 ; *Repenser le développement. En finir avec la pauvreté*, Paris, UNESCO/Economica, 1999.

> hommes des conditions fondamentales du maintien et de l'épanouissement de la vie » (1999, p.9-10).

Reprenant la notion de coûts de l'homme de François Perroux, il définit alors le développement comme :

> « ...la recherche pleine de la couverture des besoins du statut humain de la vie tels qu'ils s'expriment et croissent dans les communautés historiques au gré de l'évolution des civilisations et des cultures, pour tous et, prioritairement, pour les plus pauvres, aux moindres coûts humains[1], écologiques, et instrumentaux, en englobant dans cette dernière catégorie les coûts matériels et les coûts financiers » (*Ibid.*, p.17).

Et précisant ce qu'il entend par coûts humains et ses liens avec la pauvreté :

> « Entrent dans la définition de la pauvreté les divers aspects de la non couverture des coûts du statut humain de la vie : faim, logement défectueux maintenant les individus ou les familles en situation de vulnérabilité, maladie et incapacités plus ou moins durables, analphabétisme et illettrisme ou (plus généralement) insuffisance de l'instruction et de la formation, incapacité de participer librement à la vie de la communauté en raison des handicaps que l'on cumule » (*Ibid.*, p.18).

En prolongeant les analyses de Perroux sur la croissance, le développement et les coûts de l'homme, René Passet et Henri Bartoli font entrer l'éthique du développement directement en prise avec le débat sur la soutenabilité du développement ; soutenabilité qui, en 1987, à travers le rapport Brundtland sur le développement durable deviendra un thème essentiel des politiques de développement[2].

---

[1] Nous soulignons. Bartoli utilise plutôt l'expression coûts humain que coûts de l'homme, mais cette appellation recouvre celle de Perroux.

[2] Rapport de la Commission des Nations Unies sur l'Environnement et le Développement intitulé *Our Common Future*, et dirigé par Gro Brundtland.

7
L'influence indirecte de Lebret et Goulet

Si Louis-Joseph Lebret et François Perroux ont eu une influence directe sur de nombreux auteurs en France, ils ont également exercé une influence plus indirecte sur différents courants de pensée. À ce titre, il faut faire une place dans la réflexion sur l'éthique du développement à Ignacy Sachs et son concept d'écodéveloppement. Bien qu'Ignacy Sachs ne revendique pas d'affiliation avec le mouvement initié par Lebret, et qu'il ne revendique pas non plus de lien avec la pensée de Perroux, il fait à plusieurs reprises référence aux travaux de Denis Goulet et situe sa réflexion dans les débats animés par la pensée de René Passet en France. Il faut également faire une place particulière à la théologie de la libération. Gustavo Gutiérrez (1970), un des chefs de file de la théologie de la libération, et certainement la figure le plus souvent associée à ce mouvement, note l'originalité de la pensée de Lebret, tout en cherchant à la dépasser. Il écrit :

> « Cette vision humaniste inscrit la notion de développement dans un contexte plus large : une vision historique, dans laquelle l'humanité prend en charge son propre destin. Mais cela implique un changement de perspective, que nous préférons appeler libération » (Gutiérrez, 1970, p.246)[1].

1. Ignacy Sachs et l'écodéveloppement

Le concept d'écodéveloppement construit une réflexion autour d'un autre développement ; un développement qui allie développement économique, soutenabilité environnementale et préoccupations face au changement social.

---

[1] Ma traduction de "This humanistic view places the notion of development in a broader context: a historical vision, in which humanity takes charge of its own destiny. But that involves a change of perspective, which we prefer to call liberation."

Sur la naissance de l'écodéveloppement

Concept lancé en 1972 dans les couloirs de la Conférence des Nations Unies à Stockholm sur l'environnement par le Secrétaire de cette conférence, Maurice Strong (Sachs, 2007), il sera largement promu par Ignacy Sachs. L'écodéveloppement vise avant tout à modifier les styles de développement. Pour cela, il faut à la fois tenir compte des impératifs économiques et de la logique économique, mais aussi des enjeux éthiques. Ainsi,

> « [...] s'il convient d'introduire une forte composante éthique, il ne faut pas pour autant évacuer la problématique de la productivité, qui est celle de l'économie » (Sachs, 1981, p.14).

Il s'agit donc de faire des choix.

> « Des choix qui renvoient à une problématique éthique : développement pour quoi ? Développement pour qui ? » (*Ibid.*, p.13).

Né en 1927 en Pologne, il quitte son pays natal, durant les heures sombres du régime nazi. Il rejoint le Brésil en passant par le sud de la France où il séjourne quelques temps avec sa famille. Il intègre un lycée français, ce qui lui permet de concilier l'apprentissage de la culture française et l'imprégnation de la culture brésilienne. Après son baccalauréat, il obtient un premier emploi au consulat polonais de São Paulo, où chargé de tâches administratives il côtoie la misère des polonais déracinés. Parallèlement, il suit de 1947 à 1950 des cours d'économie dans une université privée brésilienne, puis décide de suivre des cours de statistiques. En 1954, il rentre en Pologne où il intègre l'Institut polonais des affaires internationales où son travail consiste à écrire des documents socioéconomiques. Du fait de son passage au Brésil, il est identifié comme le spécialiste des pays en développement. Le directeur de l'Institut est nommé en Inde et lui propose de le suivre. Il part en 1957. Il s'inscrit alors pour faire une thèse de doctorat en économie à la Delhi School of Economics où il a comme professeur Amartya Sen. Sa thèse porte sur les modèles du secteur public dans les économies en développement. En 1960, il rentre à nouveau en Pologne où il intègre l'École de planification statistiques de Varsovie, puis crée un centre de recherche sur les économies sous-développées. Il bénéficie de l'influence et de l'appui d'éminents économistes polonais de l'époque en particulier Michal Kalecki et Oscar Lange[1]. Grâce à ses mentors, il entre dans le cercle restreint des experts en planification. Il doit cependant à nouveau quitter la Pologne en 1968 dans un contexte d'antisémitisme et d'ostracisme qui lui vaut sa mise au ban des institutions. Il part pour la France où il intègre l'École pratique des hautes études.

En 1970, il participe à Tokyo au premier colloque international sur l'environnement et les sciences sociales où il présente une analyse sur la planification et la prise en charge de l'environnement dans les pays en développement. Comme il le souligne : « À Tokyo, pour la première fois, j'ai saisi le lien profond qui unissait la problématique de l'environnement à celle du développement » (Sachs, 2007, p. 251). Il participe ensuite en 1972 à la Conférence des Nations Unies sur l'environnement où il saisit le terme d'écodéveloppement lancé par Maurice Strong. Décidé à donner corps à ce terme, il crée en France le C.I.R.E.D (Centre International de Recherche sur l'Environnement et le Développement) en 1973 qu'il dirigea pendant 14 ans.

Appuyé par la Fondation Dag Hammarsjöld[2], le ministère de la Coopération néerlandais, l'Agence suédoise pour le développement international et le Programme des Nations-Unies pour l'Environnement, il lance un programme de recherche visant à poser les bases conceptuelles d'un « autre développement ». Cet autre développement ne peut plus être celui de la croissance sans fin, mais il ne peut pas non plus être le refus du développement via une croissance nulle que préconise le rapport *Halte à la croissance*[3]. Trois critiques sont particu-

[1] Michal Kalecki (1899-1970) est un économiste de grande renommée. Il a largement influencé le courant keynésien. Oscar Lange (1904-1965), spécialiste des économies socialistes, est à l'origine du théorème de Lange-Lerner, soit le calcul d'un optimum dans une économie socialiste centralisée.

[2] Fondation créée en 1962 à Uppsala en mémoire du Secrétaire Général des Nations Unies du même nom.

[3] Rapport mentionné *supra*.

lièrement apportées à la thèse de la « croissance zéro »[1]. Tout d'abord, elle reposerait sur une conception alarmiste de la pénurie imminente des ressources naturelles ; thèse qui semble fallacieuse pour Sachs. Certes, les conditions de la croissance impactent l'équilibre écologique, mais il considère erroné d'introduire la sensibilité écologique par le biais de la peur de la pénurie. Ensuite, l'idée d'une croissance zéro est inacceptable puisqu'elle conduirait, pour lui, à mettre au chômage des millions de personnes dans le monde. Or, le développement n'a de sens que pour les hommes et en vue d'assurer une amélioration de leurs conditions de vie. Ignacy Sachs se réfère dans cette optique à la notion de besoins. Renvoyant à cette occasion aux réflexions de Denis Goulet, il propose de changer de logique, en passant d'une logique de production à une logique de satisfaction des besoins. Or les besoins peuvent être satisfaits par différents modes de production. Enfin, cette thèse repose sur une erreur de logique qui confond taux de croissance et taux de prélèvement sur le stock de ressources naturelles[2]. En somme, l'enjeu pour le développement n'est pas de rejeter la croissance mais de s'interroger sur son contenu, ce qui impose une conceptualisation nouvelle des styles de développement.

Cet autre développement appelle alors, d'une part un programme de recherche sur les éco-techniques qui permettent, tout en satisfaisant les besoins humains fondamentaux de ne pas gaspiller les ressources naturelles ; d'autre part à développer des actions de terrain sous forme de projets d'écodéveloppement, aussi bien en zones urbaines que rurales, « où l'organisation sociale, l'éducation, la planification participative et l'autogestion comptent autant que l'éventail des éco-techniques mises à l'essai » (*Ibid.*, p.36).

Nous retrouvons là aussi un point commun avec Louis-Joseph Lebret et Denis Goulet, la volonté de ne pas rester enfermer dans une réflexion pour participer à des actions concrètes qui modifient la conception même du développement.

Le concept d'écodéveloppement ne connut pas une grande pérennité face à l'émergence d'un autre concept, celui-ci de développement du-

[1] Le lecteur trouvera ces critiques bien exprimées dans l'ouvrage déjà cité, pp.18-20.

[2] Cette assimilation renvoie au débat sur le découplage entre la croissance et les nuisances environnementales.

rable qui envahira tous les discours. Les raisons qui président à la disparition d'un concept et au succès d'un autre sont toujours multiples et souvent mystérieuses. Néanmoins, dans le cas de l'évincement du concept d'écodéveloppment par celui de développement durable, plusieurs raisons ont été évoquées[1].

L'abandon du concept

Bien que les concepts d'écodéveloppement et de développement durable soient proches, le premier est plus précis et plus marqué par une vision du changement économique et politique que le second. Il se heurte alors à l'opposition des partisans de l'économie de marché qui trouvent dans le développement durable un concept suffisamment large pour faire valoir leur vision du développement. Trois aspects complémentaires ont probablement contribué à l'abandon de l'écodéveloppement en faveur du développement durable.

a) Le concept d'écodéveloppement met en avant la dimension sociale du développement. Ignacy Sachs ne partage pas le point de vue biocentré de l'écologie radicale. Il défend au contraire une vision anthropocentrée dans laquelle la dimension sociale est essentielle. Il lui donne même dans certains écrits la place centrale. Ainsi en 1994, à propos de la dimension sociale, il écrit :

> « La première est la plus importante : elle combine la pertinence sociale et l'équité des solutions proposées puisque la finalité du développement est toujours éthique et sociale » (Sachs, 1994, p.54).

Cette position fait certainement de ce concept un ennemi plus difficile à combattre que les écologistes radicaux qui peuvent être caricaturés par leurs détracteurs économistes. Il ne s'agit pas de renier le rôle de la croissance mais de mettre celle-ci à sa juste place. Certes, le développement durable ne s'éloigne guère de ce point de vue sur la croissance, mais en étant plus vague, il ouvre la porte à de multiples interprétations. En particulier, de nombreuses interprétations minimisent le

---

[1] Pour une bonne comparaison des deux concepts, le lecteur peut se reporter à l'ouvrage de Figuière et *al.* (2014).

rôle de la dimension sociale pour se focaliser sur le débat entre croissance et écologie. Par rapport à l'écodéveloppement, il ne s'agit plus de s'interroger sur un nouveau style de développement, mais plus modestement d'intégrer des contraintes environnementales à la logique économique. Moins radical que l'écodéveloppement, le développement durable ne bouscule pas les économistes. Il les oblige seulement à intégrer une nouvelle dimension dans leur modèle de croissance ; ce qui par ailleurs conduit au débat entre développement soutenable faible ou fort[1]. À cette occasion, c'est la dimension sociale du développement qui en fait les frais.

b) Le concept d'écodéveloppement est rattaché à une conception planificatrice du développement. Évidemment, le parcours d'Ignacy Sachs n'est pas étranger à cette conception. Issu de l'école de planification de Varsovie, sa vision de l'économie apparaît aux yeux des tenants de l'économie de marché trop porteuse d'interventionnisme. Dans un article de 1978, il défend d'ailleurs une approche de la planification de l'écodéveloppement. Cette vision se heurte à la volonté des économistes libéraux d'internaliser les contraintes environnementales par le jeu des marchés. En somme, les contraintes environnementales ne doivent pas conduire à un interventionnisme quelconque dans l'économie. Elles seront gérées par la création de marchés dédiés, à l'image du marché des droits à polluer. Le développement durable, plus vague, permet cette incursion de l'économie de marché, là où l'écodéveloppement défend une planification.

c) Enfin, le concept d'écodéveloppement, en proposant une conception assez radicalement différente du développement remet en question les rapports de pouvoir au sein des nations. L'écodéveloppement s'appuie non seulement sur une vision planificatrice du développement, mais de surcroît suppose au moins à long terme des changements dans les rapports de pouvoir et les échanges[2]. Le développement d'éco-techniques, et la diffusion de ces éco-techniques au Sud

---

[1] Le développement soutenable faible admet en particulier la substitution entre le capital technique et financier et le capital naturel. Au contraire, le développement soutenable fort stipule que le capital naturel peut connaître des seuils de dégradation irréversible ; ce qui hypothèque la substitution par le capital technique.

[2] Pour une bonne analyse de cet enjeu voir en particulier Berr (2009).

n'est évidemment pas neutre sur les échanges à long terme. L'écodéveloppement appelle à un partenariat Nord-Sud, là où le développement durable est compatible avec la domination d'une partie du monde sur l'autre et où les nations sont en concurrence. La focalisation excessive par la suite sur le rôle du marché, au détriment des transferts de technologies, illustre parfaitement la prédominance d'une vision économique libérale du développement durable, peu compatible avec une logique de partenariat et de partage que visait à promouvoir l'écodéveloppement.

Finalement, la précision du concept d'écodéveloppement lui a probablement nuit, là où le développement durable a permis toutes sortes d'interprétations. Ignacy Sachs a récemment fait un plaidoyer pour un retour à l'écodéveloppement (Sachs, 2013). À travers son concept d'écodéveloppement, il rejoint largement l'idée d'éthique du développement portée par *Économie et Humanisme*. En 1994, dans un article paru dans la revue *Tiers Monde*, il notait :

> « Le développement est avant tout un processus de libération au sens presque littéral du terme. Étymologiquement, développer c'est enlever la balle de la graine, c'est supprimer les obstacles institutionnels, politiques et culturels à l'épanouissement de la personnalité de chacun et de tous » (Sachs, 1994, p.54).

La dernière partie de la phrase, soulignée ici, est un renvoi implicite au développement de « tout l'homme et de tous les hommes » du mouvement porté par Lebret et Perroux. L'influence de ce mouvement sur sa pensée est peut être plus importante qu'il ne la laisse transparaître explicitement.

2. La théologie de la libération

La théologie de la libération émerge dans les années 1960 et est associée aux noms de Leonardo Boff, Gustavo Gutiérrez, Enrique Dussel, Juan Luis Segundo, Segundo Galilea, Joseph Comblin, Juan Carlos Scannone, Lucio Gera, et bien d'autres. Le terme théologie de la libération a été forgé par Gustavo Gutiérrez lors d'une conférence en 1968

(Sauvage, 2018). Il s'agit d'ouvrir l'Église au monde qui l'entoure, et plus particulièrement d'une théologie concrète, qui vise à renouer le lien entre l'Église et les pauvres (Hinkelammert, 2000). Gutiérrez note :

> « Réfléchir à la présence et à l'action de l'Église dans le monde, c'est s'ouvrir au monde, écouter les questions qui s'y posent, être attentif aux étapes successives de sa croissance historique » (Gutiérrez, 1970, p.245)[1].

> « Si un jour quelqu'un me demandait : quelle est la perspective la plus importante dans la théologie que vous faites en Amérique Latine, celle qu'on appelle la théologie de la libération ? Je répondrais que c'est l'option préférentielle pour les pauvres » (Gutiérrez, 1993, p.131).

Une Église pauvre pour les pauvres

La théologie de la libération est avant tout une tentative de renouer les liens entre l'Église et les pauvres. La conférence de Medellin, réunissant 145 évêques, 95 experts et 9 observateurs laïcs du 26 août au 6 septembre 1968, fut un des moments charnières pour la montée en puissance du mouvement. Lors de cette conférence, une commission intitulée « La pauvreté de l'Église » souligne dans son rapport :

> « L'épiscopat latino-américain ne peut rester indifférent devant les immenses injustices sociales qui existent en Amérique Latine et qui maintiennent la majorité de nos peuples dans une douloureuse pauvreté, voire de misère, très souvent proche d'une misère inhumaine. Un cri profond jaillit du milieu de millions d'hommes demandant à leurs pasteurs une libération qui ne vient pas [...]. Dans le contexte de pauvreté, voire de misère dans lequel vit la grande majorité du peuple latino-américain, les évêques, prêtres, religieux disposent du nécessaire pour vivre et jouissent d'une certaine sécurité, alors que les pauvres manquent de l'indispensable et se débattent

[1] Ma traduction de "Reflecting on the Church's presence and activity in the world means being open to the world, listening to the questions asked in it, being attentive to the successive stages of its historical growth".

> entre angoisses et incertitudes. Les cas ne sont pas rares où les pauvres ont le sentiment que leurs évêques ou leurs curés et religieux ne s'identifient vraiment pas à eux, à leurs problèmes, à leurs angoisses, et qu'ils ne soutiennent pas toujours ceux qui travaillent avec eux ou plaident leur cause » (cité par Sauvage, 2018, p.344).

Si la pauvreté est le point focal de cette théologie, encore faut-il bien en comprendre toutes les dimensions. Gutiérrez (1993) souligne trois dimensions de la pauvreté.
La première est évidemment la pauvreté matérielle des gens.

> « En dernière analyse, en dernière instance, la pauvreté signifie mort, c'est la mort : mort injuste, mort prématurée des pauvres, mort physique » (1993, p.126).

Et plus loin, il donne un exemple :

> « Au Pérou, court une blague un peu sarcastique et un peu noire: le choléra est une maladie qui a fait l'option pour les pauvres. Le choléra tue les pauvres, et seulement les pauvres, parce que, si vous avez un peu d'argent, vous pouvez faire bouillir l'eau et le virus très fragile, meurt à soixante degrés Celsius. Vous le constatez, il est facile de se protéger du choléra, mais les gens n'ont pas d'argent, même pas pour faire bouillir leur eau » (*Ibid.*, p.127).

Et il ajoute :

> « Je pense qu'une bonne manière de parler des pauvres, est de dire que les pauvres sont les in-signifiants, ceux qui ne comptent pas pour la société et très souvent pour les Églises chrétiennes. Le pauvre est celui qui peut attendre une semaine à la porte d'un hôpital pour voir un médecin. Un pauvre est celui qui n'a pas de poids social, que l'on vole par des lois injustes et qui n'a pas le pouvoir de parler pour changer cette situation. C'est l'in-signifiant qui n'a pas de poids économique, qui fait partie d'une race méprisée, culturellement marginalisée » (*Ibid.*, p.127).

La pauvreté n'est pas seulement le dénuement matériel. Elle est la non-valeur des personnes dans la société. Quelqu'un peut être dans le dénuement matériel, mais s'il est socialement considéré, reconnu, alors son dénuement ne se traduit pas par une tragédie : la mort prématurée. Ce qui compte est que le dénuement matériel ne soit pas conjugué à une absence de reconnaissance, de prise en compte. Autrement dit, et pour faire écho à la perspective personnaliste, il s'agit de reconnaître la personne et sa dignité, quelle que soit sa situation sociale.
La deuxième dimension de la pauvreté est la pauvreté spirituelle. Elle correspond, non pas au détachement vis-à-vis des biens matériels, mais à l'acceptation de la foi et la reconnaissance de la subalternité de l'homme par rapport au Dieu.

> « Remettre nos vies dans les mains de Dieu: tel est le sens de la pauvreté spirituelle, sens le plus significatif dans la révélation chrétienne » (*Ibid.*, p.125).

Enfin, la troisième dimension est la pauvreté comme engagement. Elle concerne la pauvreté des émissaires de l'Église. Si l'Église doit se diriger vers les pauvres, elle doit être solidaire avec eux :

> « [...] une solidarité avec les pauvres dans la lutte contre la pauvreté; un engagement pour les pauvres et contre la pauvreté ». (*Ibid.*, p.125).

Autrement dit, pour renouer avec les pauvres, l'Église doit faire montre de pauvreté. Elle doit pouvoir comprendre ce que vivent les pauvres, et pour cette raison ses émissaires doivent eux-mêmes vivre comme les pauvres et parmi les pauvres. C'est aussi à cette condition qu'ils pourront reconnaître les pauvres, qu'ils pourront sortir des schémas mentaux qui font des pauvres des in-signifiants. Cette *option pour les pauvres*[1] de l'Église a trouvé son point d'orgue lors de la conférence de Medellin en 1968.

[1] *L'option pour les pauvres* est non seulement le titre de l'article de Gutiérrez, mais aussi un leitmotiv qui ressort de la conférence de Medellin.

De Medellin à la Déclaration de la Barbade

Si la conférence de Medellin a certainement été un moment clé dans la théologie de la libération, elle a bien sûr été précédée de plusieurs évènements annonciateurs[1], et suivie de plusieurs moments continuateurs.

En 1964, a lieu la réunion fondatrice du mouvement à Petropolis (Brésil) avec notamment Gustavo Gutiérrez, Juan Luis Segundo et Lucio Gera. En 1965, le pape Paul VI reçoit les 400 évêques latino-américains lors d'un Concile. À l'issue de ce Concile, le 16 novembre 1965, une partie des évêques signe le Pacte des Catacombes dans lequel ils s'engagent à vivre de manière plus frugale par solidarité avec les pauvres. Du 11 au 16 octobre 1966 à Mar del Plata (Argentine), se tient une réunion extraordinaire du Consejo episcopal latino-americano (Organisme de liaison permanente entre les 22 épiscopats du continent latino-américain), sur le thème *La présence active de l'Église dans le développement et l'intégration de l'Amérique Latine*. La déclaration finale de cette réunion appuie la nécessité d'une transformation sociale et structurelle des sociétés face à une jeunesse en mouvement. La déclaration souligne :

> « Devant la réalité devenue criante de tant de nos frères qui souffrent de la faim, qui vivent dans l'indigence, manquant de tout, en marge de la culture commune, et face à une population croissante et à une jeunesse problématique, mais porteuse d'espérance, personne ne peut manquer ses responsabilités. [...] Le développement exige des changements de structures, ordonnés certes, mais efficaces » (dans Sauvage, 2018, p.341).

En mars 1967, paraît l'encyclique *Populorum progressio* dont Louis-Joseph Lebret fut un des artisans. Elle traduisait la volonté du pape Paul VI de donner une priorité à la pauvreté. Cette encyclique considère que le sous-développement n'est pas une fatalité, qu'il doit être dépassé et que pour cela, des changements dans les structures de la société sont indispensables. S'appuyant sur tous ces précédents, la

[1] Ne sont présentés ici que quelques éléments. Pour plus de détails le lecteur peut lire l'article fort détaillé de Sauvage (2018).

conférence de Medellin acte la priorité de l'éradication de la pauvreté, mais lui donne un double autre sens. D'une part, elle souligne que la pauvreté est avant tout une question de reconnaissance des pauvres, de place qui leur est conférée. D'autre part, elle met en avant la nécessité de comprendre les pauvres et de vivre comme eux, et appelle à une pauvreté de l'Église. Les actes de la conférence sont publiés immédiatement avec l'aval de Paul VI. Ils vont constituer une référence incontournable pour tous ceux qui se revendiquent de ce mouvement au sein de l'Église. D'ailleurs, en 1975, l'encyclique *Evangelii nuntiandi* de Paul VI reconnaît que la libération est un élément de l'évangélisation (Sauvage, 2018).

Le travail des missionnaires sur le terrain en est bouleversé. Ils doivent désormais faire l'apprentissage de l'altérité. Les missionnaires envoyés auprès des communautés indigènes d'Amérique Latine doivent se familiariser avec la culture de celles-ci. Ils doivent la comprendre et la respecter parce que l'unité catholique n'est pas contraire aux spécificités culturelles (Morin, 1992). En 1971, une rencontre pastorale réunit des évêques et missionnaires travaillant dans le bassin amazonien, mais aussi des anthropologues et sociologues. Les critiques à l'encontre des missionnaires qui ne respectent pas les cultures des populations autochtones sont nombreuses. Le 30 janvier 1971, de nombreux anthropologues adhèrent à la Déclaration de la Barbade soulignant la nécessité de s'engager dans la lutte auprès des populations autochtones afin de les libérer des discriminations et de l'oppression qu'elles subissent. La théologie de la libération déborde le cercle des chrétiens et influence différents mouvements laïcs. En octobre 1972, à Pucallpa, une rencontre pastorale régionale conclut que la tâche des missionnaires doit désormais être la libération des autochtones (Morin, 1992).

La pauvreté comme marqueur de la non-valeur des personnes prend une dimension culturelle forte. Comme le souligne Gutiérrez (1993), la dimension culturelle est essentielle dans la compréhension de la pauvreté, car :

> « La pauvreté cause donc la mort physique, mais c'est aussi de mort culturelle dont il faut parler. Quand un peuple n'est pas apprécié, quand il est méprisé d'une manière ou d'une autre,

> d'une certaine façon, vous tuez les gens qui appartiennent à ce peuple. Nous avons en Amérique Latine différentes races, différentes cultures et différentes langues. Si vous méprisez ces cultures et ces races, vous tuez les gens qui appartiennent à ces groupes sociaux » (1993, p.125).

Avec la libération, il ne s'agit pas seulement de lutte contre la pauvreté matérielle, mais de reconnaissance, d'émancipation vis-à-vis de toutes les formes d'oppression et de liberté.

La libération plutôt que le développement

La théologie de la libération se positionne en contrepoint des théories du développement de son époque. Elle s'alimente bien sûr des critiques du développement. Elle souligne que le sous-développement n'est que le produit du développement. Le développement des uns se réalise grâce au sous-développement des autres (Schooyans, 1975). La thèse de la dépendance n'est pas loin (*cf.* supra). La domination et l'oppression sont les caractéristiques de cette dépendance. La libération n'est plus alors affaire de morale ou de conversion personnelle, ni même de formation de communautés chrétiennes. Elle est un enjeu de macro-morale, de transformation radicale des institutions qui régissent les politiques et les échanges. Il faut changer la société (Schooyans, 1975) pour redonner le pouvoir d'agir aux populations. Comme le souligne Gutiérrez :

> « Dès lors que l'on qualifie les pays pauvres d'opprimés et de dominés, le mot libération est approprié. Mais il existe une autre vision, beaucoup plus globale et profonde, de l'avancée historique de l'humanité. L'homme commence à se considérer comme un sujet créateur ; il saisit de plus en plus les rênes de son propre destin, qu'il oriente vers une société où il sera libéré de toute forme d'esclavage. [...]. Cette approche exprime mieux l'aspiration des peuples pauvres, qui se considèrent avant tout comme des opprimés. Ainsi, le terme de développement semble plutôt aseptisé, s'appliquant mal à une réalité tragique et tendue. Il s'agit donc d'une conception dynamique et historique de

l'homme, tourné vers son avenir, agissant aujourd'hui pour façonner son futur » (1970, p.247)[1].

Là où l'éthique du développement forgée par Louis-Joseph Lebret pointait la nécessité de tenir compte des personnes au-delà des structures, pour mieux profiler le développement, la théologie de la libération revient aux structures pour redescendre vers les personnes et permettre leur libération de celles-ci. Bien que Gutiérrez lui-même considère qu'il faut dépasser la vision humaniste du développement proposée par Lebret, la théologie de la libération n'est pas en total désaccord avec la perspective personnaliste, puisqu'elle insiste sur la reconnaissance des pauvres ou des opprimés. C'est bien à une reconnaissance des personnes qu'il faut s'atteler. Et leur libération n'est que le pendant de cette reconnaissance.

La libération : un danger pour l'ordre établi

La théologie de la libération a fait de nombreux émules, mais a également suscité de vives inquiétudes dans les milieux conservateurs : des inquiétudes d'abord au sein de l'Église, ensuite dans les milieux politiques et économiques conservateurs et libéraux.
Après le décès du pape Paul VI, favorable à la théologie de la libération, Jean-Paul II reprend les choses en main[2]. La nomination du cardinal Joseph Ratzinger comme gardien de la foi ouvre une période plus conservatrice[3]. Il est nommé préfet pour la Congrégation de la Doctrine de la Foi, une instance disciplinaire et de clarification sur la

---

[1] Ma traduction de "Once we call the poor countries oppressed and dominated, the word liberation is appropriate. But there is another, much more global and profound view of humanity's historical advance. Man begins to see himself as a creative subject; he seizes more and more the reins of his own destiny, directing it toward a society where he will be free of every kind of slavery. [...]. This approach expresses better the aspiration of the poor peoples, who consider themselves primarily as oppressed. Thus the term development seems rather antiseptic, inaccurately applying to a tragic, tense reality. What is a t stake, then, is a dynamic and historical concept of man as looking toward his future, doing things today to shape his tomorrow".

[2] Entre Paul VI et Jean Paul II, le pape Jean Paul I a exercé les fonctions de pape seulement 33 jours.

[3] Il est élu pape le 19 avril 2005 sous le nom de Benoît XVI et succède à Jean Paul II.

doctrine catholique. En 1984, Ratzinger convoque Leonardo Boff, puis Gustavo Gutiérrez afin qu'ils s'expliquent sur leurs propos à l'égard de l'Église. La pauvreté de l'Église n'est pas du goût de tous les prélats. Le message de la hiérarchie est clair : le Christ ne peut être assimilé à un libérateur politique (Jullien, 1984). Au-delà de la dimension politique, Ratzinger reproche aux théologiens de la libération de remettre en cause la hiérarchie de l'Église. En appelant à la pauvreté de l'Église, les partisans de la théologie de la libération remettent en cause le faste de la hiérarchie. Et ils sont peu nombreux à suivre les préconisations de pauvreté portées par ce mouvement. L'émancipation des pauvres semble contraire à leur assujettissement à la foi.

Au-delà des controverses théologiques, c'est l'implication des religieux dans le combat politique qui pose problème à la hiérarchie de l'Église. Il faut dire que plusieurs d'entre eux ont pris directement part aux luttes armées contre les régimes autoritaires conservateurs et néolibéraux. Ils ont été la cible des régimes dictatoriaux latino-américains des années 1970 (Hinkelammert, 2000). L'utilisation de la théorie de la dépendance, les discours autour de la domination et de l'oppression, ne sont pas sans rappeler les discours marxistes de l'époque. Même le pape Paul VI, plutôt favorable à ce mouvement, tout en reconnaissant la nécessité d'une sociologie de l'oppression, avait mis en garde contre un rapprochement trop marqué avec le marxisme. Or, certains théologiens de la libération ont opéré indéniablement un dialogue avec les marxistes (Baum, 1987) parfois empruntant les fondamentaux du marxisme pour les réinterpréter à la lumière de leur culture religieuse et de leur expérience sociale (Löwy, 2007). La pénétration du marxisme au sein de l'Église apparaît comme un risque majeur pour l'état major de l'institution.

Dès la fin des années 1970, un vent contraire souffle sur les théologiens de la libération. L'évêque auxiliaire de Bogota, Alfonso López Trujillo, essaya d'écarter les théologiens de ce mouvement de la réunion épiscopale de Puebla de 1979. Le cardinal Ratzinger publiait en 1984 *Instruction Libertatis Nuntions : sur quelques aspects de la Théologie de la Libération*, une charge contre le mouvement. Dans cette lignée, des nouveaux évêques sont nommés dans de nombreux diocèses, remettant directement en cause le discours de la théologie de la libération ; et les chefs de file du mouvement furent marginalisés (Martínez Andrade, 2018).

En pleine guerre froide, le rapprochement avec le marxisme est mal vu par les États-Unis. Sauvage (2018) souligne qu'un document confidentiel du Conseil national de sécurité indiquait que l'Église est alors jugée comme une menace sérieuse pour la démocratie. Les États-Unis qui n'hésitent pas à soutenir les dictatures militaires voient dans la théologie de la libération un ennemi. Les milieux conservateurs et libéraux convergent dans leur hostilité au marxisme auquel la théologie de la libération est assimilée. L'Église, tout en critiquant les théologiens de la libération, fait preuve d'une certaine mansuétude à l'égard du libéralisme et du néolibéralisme (Comblin, 2003). Pourtant, le libéralisme, et plus encore le néolibéralisme, sont incompatibles avec le catholicisme. Tandis que le néolibéralisme s'arrime à une pensée forgeant un individu hors du temps historique et hors de l'espace, le catholicisme entretient un rapport au temps historique et à l'espace (Bourdin, 2016).

Malgré les soubresauts de l'Église, la théologie de la libération a continué à jouer un rôle dans les mouvements sociaux des décennies suivantes. Elle participa activement à la création du Forum social mondial à Porto Alegre (Wasserman, 2004 ; Batista Libanio, 2005). Et si elle a fait l'objet d'attaques, y compris des mouvements progressistes qui lui reprochent de s'être trop focalisée sur la dimension économique au détriment des autres formes de domination (sexisme, racisme, etc.) (Althaus-Reid, 2005), elle fait pourtant œuvre d'une ouverture vers des thématiques croisées, à l'image des questions écologiques (Boff, 1997 ; 2014). Par leurs préoccupations, comme par leur engagement, les théologiens de la libération ont constitué et continuent de constituer un mouvement au sein de l'éthique du développement.

Partie 3
Structuration

> « Il existe désormais un nouveau paradigme théorique dans le monde de la politique du développement. Connu sous le terme d'approche du développement humain, approche de la capabilité ou approche des capabilités, il commence par une question toute simple : qu'est-ce que les gens sont réellement capables de faire ou d'être ? Quelles possibilités leur sont réellement offertes ? Cette question simple est aussi très complexe parce que la qualité d'une vie humaine met en jeu des éléments variés dont l'articulation implique une étude attentive » (Nussbaum, 2012, p.10).

Si le mouvement *Économie et humanisme* a largement mis en avant les conditions de vie des populations, revendiquant la nécessité d'études empiriques fines, pour en déduire la responsabilité des développeurs, le mouvement s'appuyant sur les coûts de l'homme insiste sur les relations critiques entre la croissance et le développement. Le développement ne peut pas se limiter à la croissance, il doit nécessairement pour faire sens assurer les coûts de l'homme. Ces coûts de l'homme se comprennent dans une logique de respect de la vie humaine et du statut de l'être humain et de sa dignité, ce qui inclut dans ses prolongements le lien avec le respect de notre environnement naturel.

L'éthique du développement revendique également une relation forte avec la liberté. En assurant les coûts de l'homme, le développement assure le développement de la liberté réelle des personnes, faisant de la liberté une composante du développement. Le concept de développement humain porte cette volonté d'élargir le développement au-delà de ses dimensions purement économiques pour intégrer enfin la vie réelle des gens.

Cette volonté vient contrer le dogme libéral qui s'impose au début des années 1980, que ce soit dans les pays industrialisés avec l'ère Thatcher-Reagan ou dans les pays en développement avec les plans d'ajustement structurel imposés par la Banque mondiale et le Fonds monétaire international. Ces derniers ont eu d'ailleurs des effets dé-

vastateurs sur la qualité de vie des populations. Ils n'ont pas non plus porté les fruits économiques qui étaient attendus (Salama, 2006).
Mais, au-delà du libéralisme économique, c'est à de nouveaux enjeux que l'éthique du développement doit faire face avec la mondialisation et la prise de conscience de la destruction de l'environnement, incluant le changement climatique.
L'exportation de déchets toxiques en est un exemple parmi d'autres. Le 19 août 2006, 500 tonnes de boues toxiques ont été déversées dans le district d'Abidjan en Côte d'Ivoire. La cargaison venait du *Probo Koala*. Affrété par la compagnie *Trafigura*, il allait poursuivre un périple à travers différents ports, aux Pays-Bas, en Estonie, puis au Nigéria, et enfin dans le port d'Abidjan où il allait déverser sa cargaison. Pendant son périple, il tenta de faire passer ses boues toxiques pour des résidus de pétrole. À chaque halte, les autorités portuaires ont refusé la prise en charge de la cargaison en tant que résidus de pétrole, confirmant la toxicité des boues. Le coût du traitement obligatoire était sans doute trop élevé pour la compagnie *Trafigura* qui ordonnait à chaque fois de changer de route pour trouver un port plus accueillant. Ce fut celui d'Abidjan. Des centaines de personnes, dont celles qui manipulèrent les boues, furent intoxiquées. Des dizaines de personnes moururent et d'autres furent gravement malades, atteintes aux poumons et sur la peau. Le procès lui-même a révélé des tentatives d'intimidation et de corruption orchestrées par la compagnie. Les familles des victimes furent dédommagées par un versement de 1150 euros ! Pas de quoi faire revenir les morts (Koffi et *al.*, 2012).
Un cas parmi bien d'autres de mal-développement. Les responsables sont aussi bien la compagnie qui a menti sur le contenu de sa cargaison et ordonné le déversement, pour gagner plus d'argent, que les autorités du port qui ont accepté des pots-de-vin pour fermer les yeux. Mais ces boues toxiques ne tombent pas du ciel. Elles sont le produit résiduel du système économique. Notre développement y est pour quelque chose. D'ailleurs, le cargo venait d'Espagne avant de passer aux Pays-Bas, et c'est probablement dans ce premier pays qu'il a chargé les boues toxiques.
En 2021, Madagascar était le premier pays à déclarer officiellement des centaines de réfugiés climatiques affamés par la sécheresse qui

sévit depuis plusieurs années dans le sud du pays. Les habitants en sont réduits à faire bouillir des lanières de cuir afin de pouvoir les mastiquer, ou à manger des cactus qui les rendent malades mais coupent temporairement la faim. Si des problèmes structurels de développement expliquent en partie cette situation, le changement climatique l'a amplifiée de manière dramatique.

Et ce n'est pas seulement dans les pays dits du Sud que des problèmes d'envergure se posent. Le changement climatique affecte tous les pays et potentiellement le monde entier. En février 2021, une vague de froid historique s'est abattue sur les États-Unis, avec des tornades, faisant plusieurs morts. En France, des incendies ont ravagés plusieurs régions en raison de la sécheresse lors de l'été 2022, etc.

L'éthique du développement se renouvelle avec les nouveaux enjeux. Elle ne concerne plus seulement les pays du Sud. Elle est désormais au cœur de la réflexion sur les modèles économiques au Sud comme au Nord.

Cette partie relate l'évolution de ce champ d'études depuis les années 1980, sa structuration en courants de pensée et les enjeux auxquels ils doivent s'atteler.

8
Le tournant des années 1990

Les années 1980-1990 sont marquées par le libéralisme triomphant. Sous la bannière du consensus de Washington, des règles en faveur du libéralisme économique sont imposées de manière plus ou moins autoritaire dans la plupart des pays du monde. Le pouvoir des institutions internationales comme la Banque mondiale et le Fonds monétaire international repose avec acuité la question de l'autonomie de décision des pays en développement. Ils se voient contraints, comme les pays du Nord d'ailleurs, d'adopter des règles économiques libérales contre l'aide au développement. La conditionnalité de l'aide bat son plein. En même temps, bien souvent à l'opposé du spectre politique, des critiques radicales du développement, rejetant l'idée même de développement, interrogent le sens du terme. Cependant, que ce soit le libéralisme débridé ou l'anti-développement, l'humain reste totalement de côté. Les thèses en présence s'affrontent sur le pouvoir des institutions, sur les modèles économiques et les structures de développement, mais oublient la plupart du temps la vie réelle des gens.
Dans ce contexte, l'éthique du développement se renouvelle, redonnant sens à l'humain à travers une nouvelle approche du développement dont la mesure phare est l'Indice de développement humain. L'éthique du développement remet, encore une fois, au centre du débat les conditions de vie des populations.

1. Le consensus de Washington

Au début des années 1990, John Williamson élabore dix grands principes que doivent suivre les pays en développement et qui deviennent des conditions de l'aide au développement. Ces dix principes se situent clairement dans une vision libérale de l'économie. Ils écartent l'idée que les pays en développement possèdent des spécificités et rompent de fait avec les approches structurelles des décennies passées.

Cette pensée libérale est similaire à celle préconisée depuis le début des années 1980 dans les pays du Nord avec l'ère Margaret Thatcher et Ronald Reagan notamment.

Le tournant libéral

Les années 1980 ont été marquées par la mise en œuvre des politiques d'ajustement structurel qui ont affecté la quasi-totalité des pays en développement, en particulier en Afrique. Ces politiques ont fait suite au boom des matières premières des années 1970. La forte hausse des prix a concerné les minéraux en premier lieu – au début et au milieu des années 1970 – et s'est prolongée par celle des produits agricoles à la fin des années 1970. Elle a permis aux États d'engranger d'importantes rentrées budgétaires qui ont eu pour effet d'accroître la dépense publique en investissement. La chute des cours qui a suivi au début des années 1980, combinée à une forte montée des taux d'intérêt, a eu pour conséquence d'étrangler des pays déjà soumis à un endettement conséquent pour maintenir le niveau d'investissement requis par leurs politiques de développement. Des politiques de stabilisation monétaire et d'ajustement structurel ont alors été mises en place avec l'appui des institutions financières internationales, Fonds monétaire international et Banque mondiale, afin de désendetter les États et de créer les conditions d'une reprise de la croissance. Elles ont privilégié le rétablissement des équilibres macro-économiques en réduisant les dépenses publiques et en relançant le secteur productif par la libéralisation des marchés.
En 1990, le consensus de Washington, dénommé ainsi par John Williamson (Williamson, 1990, 1993, 1997), en référence au lieu des sièges des institutions internationales, préconise ainsi dix principes, que les pays d'Afrique et d'Amérique Latine devraient en particulier suivre :

- Austérité budgétaire ou recherche de l'équilibre budgétaire,
- Réorientation des dépenses publiques vers les secteurs qui ont un retour économique plus important,
- Réforme de la taxation afin d'en élargir la base,

- Libéralisation financière afin d'obtenir un taux d'intérêt de marché, et suppression des taux d'intérêt privilégiés,
- Fixation d'un taux de change compétitif afin de favoriser les exportations,
- Libéralisation des échanges et suppression des barrières non tarifaires,
- Facilitation des investissements directs étrangers en supprimant toutes les barrières qui les freinent,
- Privatisation de toutes les entreprises,
- Dérégulation et suppression des freins à l'instauration de nouvelles activités économiques,
- Sécurisation des droits de propriété.

Ce programme ne donna pas les résultats attendus (Berr et Combarnous, 2005). Comme le note Joseph Stiglitz (2004) :

> « S'il y a un consensus aujourd'hui à propos des stratégies qui ont le plus de chances de produire le développement des pays pauvres dans le monde, c'est celui-ci : il n'y a pas de consensus, excepté que le consensus de Washington n'a pas fourni la réponse. Ces recettes n'étaient ni nécessaires, ni suffisantes, pour une croissance soutenue, même si ses politiques ont fait sens pour des pays particuliers à des moments particuliers ».

Un développement inhumain

Cet ajustement s'est souvent fait au détriment des conditions de vie de certaines catégories de population, bouleversant les équilibres sociaux. Leurs conséquences négatives sur la nutrition, la santé ou l'éducation des populations ont été fortement dénoncées (Cornia et *al.*, 1989). D'autant plus que l'enchaînement de plusieurs programmes d'ajustement au cours d'une même décennie a parfois eu pour conséquence de fragiliser le tissu social, et particulièrement les classes moyennes, au point que les fondements même de la démocratie et de l'État de droit en devenaient affaiblis (Jarret et Mahieu, 1991, 2002).

C'est dans ce contexte, qu'il a été décidé, en 1987, sous la pression du Programme des Nations Unies pour le Développement et de la Banque africaine de développement, d'introduire une dimension sociale au sein des politiques d'ajustement (DSA) conçues par la Banque mondiale, afin de construire des mesures qui permettraient d'en atténuer les aspects les plus négatifs socialement, voire même repenser les bases de la conception des politiques d'ajustement (Dubois, 1996). En termes opérationnels, il s'agissait de repérer, au moyen d'enquêtes statistiques et d'investigations qualitatives, les catégories de ménages les plus touchées par les mesures d'ajustement structurel, d'en évaluer les conséquences en termes de perte d'emploi, de baisse de revenu, de hausse du coût de la vie, de disponibilité des services publics, etc., et de préconiser, avec l'appui de fonds sociaux, des projets spécifiques qui réduiraient les effets de certaines des mesures sur les catégories les plus pauvres.

L'initiative DSA se contente cependant essentiellement de rajouter ou de modifier des mesures qui permettent d'amenuiser la pauvreté ou les privations sectorielles de certaines catégories de personnes, sans toucher aux mesures qui constituent le programme d'ajustement structurel.

Le consensus de Washington est à peine revu. John Williamson en propose d'ailleurs une nouvelle version en 1997, avec des principes qui sont quasi-similaires (Williamson, 1997) :

-Augmenter l'épargne par la discipline budgétaire,
-Réorienter les dépenses publiques vers les secteurs à fort retour économique,
-Poursuivre les réformes du système de taxation,
-Renforcer le système de supervision bancaire,
-Maintenir un taux de change compétitif,
-Privatiser et déréguler afin de créer les conditions d'une économie compétitive,
-Sécuriser les droits de propriété,
-Construire des institutions clés fortes telles qu'une Banque centrale indépendante,

-Augmenter les dépenses dans l'éducation et les réorienter vers le primaire et le secondaire.

Hormis une mise en avant des institutions telle que la Banque centrale, et un accent sur l'éducation, le programme libéral est renouvelé ; et ce malgré ses échecs. Face à cette pensée libérale se développe un mouvement anti-développement.

2. Les thèses anti-développementalistes

Dans la lignée du mouvement tiers-mondiste, un renouveau critique sur le développement émerge. Ce mouvement se situe dans un courant des études postcoloniales, en particulier à la suite d'Edward Saïd (1978). Il propose de déconstruire le discours colonial sur l'histoire et la modernité ; appuyant l'idée qu'il faut décoloniser la culture.
Deux orientations des critiques sont évoquées ici. Une première orientation consiste à s'emparer du rôle de la technologie afin d'en décrire ses méfaits. Une seconde orientation insiste plutôt sur les risques de perte des cultures des pays soumis au processus de développement. La thèse des méfaits de la technologie se combinant parfois à celle de l'effacement de la culture.

Les méfaits de la technologie

Du côté des méfaits de la technologie, on trouve des auteurs comme François Partant (1982) et Ivan Illich (1973). Au risque de la caricaturer, cette thèse annonce la servitude irréversible dans laquelle les humains se mettent par le biais de la technologie. Ils perdent le contrôle sur la technologie qui désormais les contrôle. Un exemple simple suffit à l'illustrer. Le développement des transports modernes comme l'automobile permet apparemment aux gens de se déplacer plus facilement. Pourtant, dès lors que le nombre de voitures augmente, les encombrements réduisent la vitesse de circulation. Les gens habitent également plus loin de leur travail. Ils doivent travailler plus pour payer leur déplacement. Ils deviennent en partie esclave de la technologie. Mais l'histoire ne s'arrête pas là. Ils ne peuvent pas se passer de

la voiture car le développement de ce moyen de transport impacte l'organisation des modes de déplacement, notamment dans les villes, et il devient impossible dans certaines grandes villes de se déplacer autrement qu'en voiture. Il n'y a plus de place pour les autres moyens de locomotion. Les humains deviennent esclaves de leur technologie et ils ne peuvent en sortir car une irréversibilité forte s'est créée.
De cette thèse découle un premier paradoxe du développement. Puisque le développement se veut un progrès, une amélioration du bien-être des peuples, il est en contradiction avec le progrès technique. Toutefois, comme le développement est indissociable du progrès technique, il ne peut pas consister en une amélioration de bien-être des populations.

La déculturation

Du côté de la thèse de la déculturation on trouve, en France notamment, Serge Latouche (1984, 1989). Rappelons que l'anthropologue Melville J. Herskovits (1952) définissait l'acculturation comme :

> « [...] les phénomènes qui résultent du contact direct entre des groupes d'individus de cultures différentes, avec des changements subséquents dans les types culturels originaux de l'un ou des deux groupes » (p.225).

Un anthropologue comme Roger Bastide consacra l'essentiel de ses travaux aux questions de recomposition culturelle. Mais contrairement à une conception répandue, il ne considère pas que les sociétés vivent dans une culture figée. Leur culture est au contraire mouvante et en recomposition, ce qu'il appuie dans plusieurs ouvrages dans les années 1960 (Bastide, 1960, 1967).
Le mouvement fit usage de cette notion, en la réduisant à un effet de disparition de la culture sous la domination d'une autre, celle de l'occident. On passe de l'acculturation à la déculturation. Car si l'acculturation peut « désigner une réaction positive au choc interculturel », dès lors que l'on assiste à « un flux à sens unique massif, la culture réceptive est envahie, menacée dans son être propre » (Latouche, 1989, p.65). Citons encore Latouche (1984, p.30):

> « L'occidentalisation n'est, d'une certaine façon, que l'habillage culturel de l'industrialisation, mais l'occidentalisation du Tiers-Monde risque d'être une déculturation, c'est-à-dire une destruction pure et simple des structures économiques, sociales et mentales traditionnelles, pour n'être remplacée à terme que par un gros tas de ferraille destiné à la rouille ».

Il s'emploiera d'ailleurs à montrer que l'occident n'existe pas. Il s'agit là aussi d'un terme qui masque la réalité d'une culture industrielle destructrice.

De cette thèse découle un second paradoxe du développement. Encore une fois, le développement se veut un progrès en vue d'accroître le bien-être des humains. Mais s'il produit une destruction de la culture et que celle-ci est fondamentalement un élément du bien-être, alors le développement ne peut pas consister dans l'amélioration du bien-être. Au-delà de l'idée de destruction des cultures « traditionnelles », cette thèse réifie d'un côté ces cultures et rejette de l'autre l'idée que la société capitaliste et industrielle est aussi créatrice de culture ; ce que des anthropologues comme Roger Bastide (1967) contestaient. Encore une fois, notre propos n'est pas ici de savoir si cette thèse est vérifiée, plutôt de souligner qu'elle a joué un rôle non négligeable dans le mouvement de contestation du développement.

3. Vers un développement humain

Dans le contexte d'un libéralisme forcé d'un côté, et du rejet du développement de l'autre, l'éthique du développement prouve encore une fois son originalité en remettant au centre de l'analyse l'humain. Il est certes difficile de savoir quand un tournant conséquent se produit dans la pensée du développement, et encore plus délicat de le prévoir, mais à n'en pas douter les années 1990 marquent un de ces tournants avec le concept de développement humain. Les Nations Unies ont joué à cet égard un rôle essentiel avec le Programme des Nations Unies pour le développement et leur outil phare : l'Indice de développement humain (IDH)[1].

---

[1] Pour une analyse plus détaillée du rôle des Nations Unies dans la pensée du développement, voir notamment Jolly et *al.* (2005).

La promotion de l'Indice de développement humain

Destiné à détrôner la richesse nationale, par exemple telle que mesurée par le revenu national par habitant, l'indice de développement humain s'insère dans une vision du développement qui ne peut se réduire à la croissance économique. Le développement a au contraire à voir avec le bien-être. Et de ce point de vue, la croissance économique n'est qu'un moyen d'atteindre le développement et non l'objectif. Dès lors, avec le premier *Rapport sur le développement humain*, les Nations Unies proposent un indice destiné à contrebalancer le revenu national par habitant. Cet indice est composé, certes, du revenu national par habitant, mais également de deux autres dimensions reflétant le bien-être humain : l'espérance de vie d'un côté et l'accès à la scolarisation et l'illettrisme de l'autre.
Comme l'indiquait le premier Rapport sur le Développement Humain (1990, p.9) :

> « Premièrement, les chiffres du revenu national, bien qu'utiles à de nombreuses fins, ne révèlent pas la composition du revenu ni les vrais bénéficiaires. Deuxièmement, les gens apprécient souvent les réalisations qui n'apparaissent pas du tout, ou pas immédiatement, dans les revenus mesurés ou les chiffres de croissance plus élevés : meilleurs services de nutrition et de santé, meilleur accès au savoir, moyens de subsistance plus sûrs, meilleures conditions de travail, sécurité contre la criminalité et violence, heures de loisirs satisfaisantes et sentiment de participation aux activités économiques, culturelles et politiques de leurs communautés. Bien sûr, les gens veulent également des revenus plus élevés comme l'une de leurs options. Mais le revenu n'est pas la somme totale de la vie humaine ».

Le premier Rapport sur le développement humain offre pour la première fois de mesurer la qualité de la vie à travers trois dimensions suffisamment simples et suffisamment pertinentes pour pouvoir s'imposer face au revenu par habitant : la santé, l'éducation et le niveau de vie. Il s'agissait de donner sens à la qualité de la vie sous ses multiples dimensions. Il s'agissait aussi de tenir compte des opportunités que les gens ont de mener leur vie. Le développement humain devient un processus d'accroissement des choix pour les gens ; une conception du développement comme liberté. Un avantage indéniable de cette approche conceptuelle est, qu'avec la notion de liberté, elle peut emporter l'adhésion des économistes libéraux, ce que l'approche par les besoins ne faisait pas. Cette dernière pouvait au contraire faire craindre à ces mêmes économistes que la satisfaction des besoins se ferait au prix de restrictions des libertés.

Le succès de cet indice tient probablement aussi en partie à son promoteur, l'économiste pakistanais Mahbud ul Haq. Né en 1934, il part étudier l'économie à Cambridge en 1953. Il retourne au Pakistan à la fin des années 1950 où il obtient un poste à la Commission nationale du Plan. À la fin des années 1970, il entre à la Banque mondiale, puis rejoint à nouveau le Pakistan dans les années 1980 pour entrer au gouvernement. En 1990, il lance et pilote le mouvement sur le développement humain sous l'égide des Nations Unies. Comme le souligne Gasper (2011), sa double appartenance, d'une part en tant que personne influente d'un pays du Sud, d'autre part en tant qu'économiste du Nord issu de Cambridge, non seulement favorable à l'économie de marché, mais aussi au rôle que ce dernier peut jouer dans la résolution des problèmes sociaux et environnementaux, lui a certainement permis de contenter les plus sceptiques.

Certes, de nombreuses critiques sont venues émailler cet indice. Bien que ces critiques soient pertinentes, elles ne remettent pas fondamentalement en cause l'approche du développement humain. En effet, d'une part l'indice de développement humain n'est qu'un moyen de modifier l'appréciation qui est faite du développement ; et de ce point de vue, cet indice se situe à la fois dans la lignée de tentatives précédentes[1] et dans un processus d'améliorations continues. D'autre part,

[1] On notera par exemple qu'en 1966, l'United Nations Research Institute For Social Development (UNRISD) publiait une étude sur 20 pays d'un "indice de niveau de vie ". Trois catégories étaient incluses : les besoins physiques (nutrition, logement et santé), les besoins culturels (éducation, loisir et sécurité), et les besoins supérieurs (mesurés à partir d'un revenu au dessus d'un certain seuil). En 1972, l'UNRISD produisit une seconde étude, cette fois destinée à forger un "Development Index", comprenant neuf catégories. En 1975, c'est le tour de l'United Nations Economic and Social Council (ECOSOC) de présenter une tentative de classement des pays sur la base de sept indicateurs, dont deux sociaux (alphabétisation et espérance de vie) à

si en tant que moyen sa pertinence peut être remise en cause, l'approche du Programme des Nations Unies pour le développement vise, comme l'affiche clairement le *Rapport sur le développement humain* de 2000, la promotion des droits de l'homme. Or, Il s'agit là d'un objectif plus difficile à remettre en question[1].

Néanmoins, quelques critiques ont permis d'améliorer substantiellement cet indice. En ce sens, elles sont salutaires pour sa démarche.

Sur quelques critiques de l'IDH

Les critiques ont porté sur le choix des composantes de l'indice pour mesurer le bien-être, sur la qualité des données disponibles, sur la manière de calculer l'indice lui-même, et sur le sens de cet indice pour évaluer le bien-être et le développement. Ces quatre axes de critiques ont fait eux-mêmes l'objet de réponses et l'IDH a été reformulé en conséquence. Nous ne prétendons pas donner ici une discussion exhaustive des critiques et réponses. Il s'agit plus simplement d'offrir au lecteur une idée du débat et des transformations afin qu'il se rende compte que la mesure du développement humain est une mesure en évolution, mais qui conserve la même idée de base.

a) Le choix des composantes : Comme le soulignait le premier Rapport sur le développement humain (1990), les trois dimensions choisies (espérance de vie, éducation et revenu national) représentent pour les gens leur capacité à mener une vie longue et en bonne santé, d'acquérir des connaissances et d'avoir accès à des ressources pour

---

côté d'autres plus standard (énergie, part du PIB manufacturé, part des exportations manufacturées, emploi en dehors de l'agriculture, et nombre de téléphones). Deux autres avancées vont jouer un rôle important. D'abord, celle de l'International Labor Organization (ILO) qui, en 1976, propose une approche du développement à partir des besoins humains mesurés par une série d'indicateurs. Ensuite, celle de Morris David Morris (1979) qui propose le Physical Quality of Life Index (PQLI). Le PQLI est une démarche simple et originale qui influença notablement le futur IDH. Il combine trois composantes : la mortalité infantile, l'espérance de vie à un an, et l'alphabétisme de base. Il transforme chaque indicateur en un index en le comparant à un niveau possible fixe, puis il utilise la moyenne de ces index pour former un index unique qui permet le classement des pays.

[1] Je reprendrai cette discussion dans le second volume que je consacrerai à l'éthique du développement.

obtenir un niveau de vie décent. Une salve de critiques s'est abattue sur la formulation de l'indice dès sa sortie, en particulier sur l'absence de certaines composantes clés pour évaluer le bien-être, par exemple l'absence des libertés civiles et politiques, le niveau d'inégalité des revenus, l'absence de composante spécifique pour l'accès aux soins ou à l'éducation, ou encore le niveau des dégradations environnementales. Les Rapports sur le développement humain se sont alors progressivement enrichis pour tenir compte de ces critiques, sans toutefois modifier l'IDH. Par exemple, le Rapport sur le développement humain de 1991 contient un indice de la liberté humaine, tandis que celui de 1992 introduit un IDH ajusté des inégalités ; un IDH sexospécifique a également été élaboré. Le Rapport de 1998 se focalise sur la surconsommation et la durabilité, etc. Un changement majeur a concerné la composante éducation. Initialement fondée sur l'alphabétisation des adultes uniquement, elle a été complétée par une information sur la scolarisation des enfants, avec le taux brut de scolarisation. Ainsi, bien que les composantes de l'indice aient peu évolué, les rapports annuels successifs sur le développement humain ont avancé des pistes d'ajustement et des compléments à l'indice initial.

L'IDH a fait cependant l'objet d'une critique en sens inverse sur ses composantes. Non pas que des composantes importantes soient absentes, mais que celles choisies sont redondantes. Certains travaux soulignaient que l'espérance de vie est fortement corrélée à de nombreux autres indicateurs et qu'elle résumait globalement la situation. C'est d'ailleurs une raison qui a poussé le PNUD à choisir cette composante et à la compléter uniquement par l'éducation (en plus du revenu national) qui est, elle, plus faiblement corrélée à l'espérance de vie. La critique a porté sur l'absence de différence significative entre l'IDH et le revenu national par habitant, notamment quand le log du revenu par habitant est utilisé. Cette critique a cependant été battue en brèche. Elle reposait sur une représentation technique erronée. Le Rapport sur le développement humain de 2010 met en évidence sur la période 1970-2010 que la corrélation entre la croissance économique (évolution du revenu national) et les changements dans les autres composantes de l'IDH est faible.

b) La qualité des données : Une autre critique a porté sur la qualité des données, plus particulièrement sur le fait que les comparaisons internationales sont rendues peu pertinentes parce que les données nécessaires au calcul des composantes de l'indice ne sont pas régulièrement disponibles et mises à jour dans certains pays, et que parfois leur valeur est sujette à caution. Le choix des composantes est en effet le plus simple possible afin de pouvoir utiliser les données qui sont globalement disponibles dans tous les pays. Il est paradoxal que les mêmes auteurs critiquent la simplicité des composantes et en même temps récusent leur validité en arguant de la faiblesse des données. L'ajout de composantes supplémentaires ne faciliterait pas les choses. Le PNUD est d'ailleurs largement conscient de ce problème de données, et exhortent les gouvernements nationaux à améliorer la collecte statistique des données.

c) La manière de calculer l'indice : Sans entrer dans trop de détails techniques, les premières formulations de l'indice reposaient sur une formule de moyenne arithmétique. Cette formule, qui a évolué entre le premier rapport en 1990 et celui de 1994, donnait un poids égal aux trois composantes. À partir de 1994, elle s'écrit :

$$\mathrm{HDI}_i = \frac{1}{3}\sum_{j=1}^{3}\left(\frac{X_{ij} - \min F_j}{\max F_j - \min F_j}\right)$$

Où *Xij* est la valeur de la composante *j* pour le pays *i*. *min Fj* et *max Fj* sont des valeurs extrêmes fixées pour chaque composante. Comme l'indice est la moyenne de la somme des trois composantes auxquelles un poids égal est donné, la valeur absolue de chaque composante affecte la valeur de l'indice et les valeurs extrêmes choisies peuvent affecter le classement des pays. En fait, deux problèmes distincts se posent.

Le premier est celui de la fixation des valeurs extrêmes. Pour cette raison, en 1994, le PNUD a fixé les valeurs extrêmes de sorte qu'elles soient raisonnables. Les extrêmes pour l'espérance de vie ont été fixés à 25 et 85 ans. Pour l'alphabétisation des adultes, les pourcentages extrêmes de 0% et 100% ont été choisis, tandis qu'à partir de 1995, les

valeurs extrêmes pour l'éducation des enfants ont été fixées à 0% et 100% de taux brut de scolarisation. Les bornes de revenu ont été établies à 100 $ et 40000 $ par habitant, avant que la borne supérieure de revenu ne soit totalement relâchée.
Le second est le poids égal accordé à chaque composante et donc la parfaite substituabilité entre les composantes. Autrement dit, il est possible de compenser un mauvais score sur une composante par un score élevé sur une autre composante ; ce qui d'une part, pose des problèmes d'interprétation du classement des pays par l'IDH ; ce qui d'autre part, ne fournit pas une indication claire de politique économique. Si un pays a un mauvais score sur l'espérance de vie et qu'il sait que changer ce score prendra du temps, il peut préférer orienter sa politique vers l'amélioration de l'éducation ou du revenu, objectifs qu'il juge par exemple plus aisément réalisables. Ce choix risque d'impliquer aussi que l'espérance de vie n'évoluera guère positivement, sauf comme corollaire des effets des autres composantes. L'IDH peut favoriser des choix de politiques de développement discutables.
Une réponse intuitive à ce problème consiste à fixer des poids différents aux composantes. Toute pondération est cependant arbitraire et nécessite une justification robuste. Le travail de Miles B. Cahill (2005) fournit une réponse tout à fait intéressante au problème en le combinant à la question de la redondance des composantes dans l'indice. Il note, tout d'abord, qu'il existe effectivement une corrélation entre les composantes, même si elle est modérée, ce qui confirme la critique de la redondance. Cette observation remet cependant en cause celle du caractère arbitraire de l'égalité de poids de chaque composante. Dans une première interprétation, on pourrait converger vers l'idée qu'il n'est pas nécessaire d'utiliser autre chose que le revenu par habitant puisque les composantes sont corrélées. Mais dans une autre interprétation, on peut dire que la corrélation entre les composantes implique qu'il est possible de former l'IDH avec des poids relativement différents pour chaque composante sans que cela ne change rien au résultat du classement des pays, ce qui rend la critique sur le caractère arbitraire des poids de chaque composante inopérante. L'IDH est robuste aux variations de pondération des composantes et

pour cette raison constitue un indice acceptable. Il n'est donc pas nécessaire de fixer des pondérations aux composantes.
En 2010, la formule de calcul a néanmoins changé et la moyenne arithmétique a été remplacée par une moyenne géométrique. La moyenne arithmétique autorisait une compensation d'un très mauvais score sur une composante par de bons scores sur les autres. La moyenne géométrique corrige ce risque puisqu'elle est moins sensible aux valeurs élevées. La substituabilité est moins forte avec la moyenne géométrique qu'avec la moyenne arithmétique.
Dans le nouvel IDH de 2010, chaque composante est conservée, mais leur moyenne est désormais réalisée par la moyenne géométrique. Outre la réponse à la critique de compensation entre composantes, cette nouvelle formule est plus conforme à l'idée sous-jacente que les opportunités sont co-réalisables et que la substituabilité doit être limitée.
Martin Ravallion (2010, 2011) a cependant porté une critique acerbe sur cette nouvelle formule. Puisque l'usage de la moyenne géométrique affecte le taux de substitution entre composantes selon le niveau des composantes, le taux de substitution entre les différentes composantes dans les pays riches et les pays pauvres n'est pas le même. Il prend l'exemple du Zimbabwe pour lequel le taux de substitution entre l'espérance de vie et le revenu est de 0,53$ par année de vie, tandis que ce même taux est de 9000$ pour les pays riches. La longévité dans les pays riches (l'année de vie gagnée) a donc une valeur bien plus importante dans les pays riches que dans les pays pauvres (17000 fois supérieure dans l'exemple donné). Ravallion en conclut que, d'un point de vue des recommandations de politiques de développement, il est plus utile d'investir de l'argent dans l'amélioration de l'espérance de vie dans les pays riches que dans les pays pauvres puisque la valeur de celle-ci est plus élevée dans les premiers que dans les seconds ; ce qui de toute évidence est une aberration au regard de ce que veut signifier l'IDH !
Cette critique repose, selon Jeni Klugman, Francisco Rodriguez et Hyung-Jin Choi (2011a, b), sur une conception erronée de ce qu'incarne l'IDH. Cet indice n'est pas une fonction de bien-être social qu'il faut maximiser : avoir l'IDH maximal sans s'interroger sur ses

composantes. L'IDH représente une mesure de l'étendue des possibilités qu'ont les individus dans des pays donnés de mener des vies différentes. Et si on peut bien sûr espérer que l'IDH augmente, sa maximisation n'a pas de sens en dehors de l'amélioration de ses composantes. La substitution entre les composantes est une modalité technique du calcul et ne doit pas être interprétée comme un guide de politiques publiques.

d) L'IDH est-il un bon indicateur de bien-être et de développement : Dans cette catégorie de critiques, nous ne rangeons pas les remises en cause relatives aux composantes, que nous avons déjà évoquées, mais les mises en garde sur l'usage de l'IDH lui-même comme représentant exclusif du bien-être et du développement. Bien que les deux types de critiques se rejoignent, celle-là est plus générale et moins technique. Amartya Sen (2000) se demande quelles leçons tirer du succès de l'IDH. Il relève quatre défis. Premièrement, le succès de l'IDH ne doit pas conduire à une concentration exclusive sur cet indice au détriment d'autres formes de mesures. Le développement humain appelle une conception plurielle de l'évaluation. Elle ne peut se résumer en un indice unique, aussi pertinent soit-il. Deuxièmement, l'IDH manque d'une base théorique générale. Bien que sa construction ait été influencée par l'approche des capabilités[1], l'IDH ne se résume pas à cette approche. D'autres approches peuvent d'ailleurs revendiquer un soutien ou un croisement avec l'IDH, comme par exemple l'approche des Droits de l'Homme. Il importe de continuer à forger et développer une approche générale du développement humain, tout autant que de construire des indicateurs pour le mesurer. Troisièmement, les succès dans les domaines pris en compte par l'IDH ne doivent pas faire oublier les évolutions des sociétés et les réalités auxquelles elles font face. Certains pays peuvent avoir fait de grands efforts dans les domaines de l'éducation et la santé, mais manquer de transparence dans les affaires économiques. D'autres peuvent être très vulnérables et l'insécurité humaine peut devenir un vrai fardeau, notamment en l'absence de politiques de protection sociale, etc. Au fur et à mesure que de nouveaux enjeux apparaissent, ils doivent être intégrés à la

[1] Je reviens sur cette approche dans le chapitre suivant.

réflexion sur le développement humain. Enfin, quatrièmement, la démocratie est un enjeu central du développement humain et de nombreux progrès restent à faire. Avec la démocratie, un sens des responsabilités doit aller de pair. En somme, l'IDH ne doit pas faire oublier que le développement humain est avant tout une approche pluraliste du monde.

C'est donc dans la continuité d'un développement humain pluraliste que les tentatives d'amélioration de cet indice doivent être poursuivies. Les évolutions les plus récentes qui visent à construire un indice de développement humain soutenable vont dans ce sens. Nous reviendrons sur ces dernières évolutions dans un chapitre ultérieur.

9
Les chemins de l'éthique du développement au tournant des années 1990

L'Indice de développement humain caractérise certainement le mieux les débats politiques et médiatiques autour du développement à l'aune des années 1990. Il s'oppose à la fois au libéralisme triomphant et à l'anti-développement. Mais cet indice ne doit pas faire oublier que la réflexion sur l'éthique du développement a connu des avancées significatives et une structuration autour de quelques organisations scientifiques.

Avant les années 1990, l'éthique du développement s'est focalisée autour de certains réseaux plutôt proches du mouvement *Économie et Humanisme*. À partir de cette période, elle prend des formes variées et se concrétise dans des mouvements divers qui ont plus ou moins de connexion.

Bien sûr, parmi ces mouvements, on trouve une filiation avec Denis Goulet et Louis-Joseph Lebret. On trouve également le mouvement autour de l'approche des capabilités, fondée par l'économiste Amartya Sen, et dont l'influence sur l'Indice de développement humain est notoire. Il faut également mentionner un mouvement né à Abidjan qui, sur la base d'influences à la fois de la pensée de Louis-Joseph Lebret et de celle d'Amartya Sen, fonde sa propre voie d'analyses (figure 1).

1. Amartya Sen et l'Human Development and Capability Association

Il serait vain d'essayer de comprendre l'émergence du développement humain sans souligner une des influences majeures de ce mouvement, celle de l'économiste Amartya Sen et de l'approche des capabilités qu'il développe depuis les années 1980. À cet égard, Mahbud ul Haq fut influencé par Amartya Sen qu'il connut à Cambridge. Et en 1996, le Rapport sur le développement humain dans le monde adoptait la

Figure 1. La structuration de l'éthique du développement

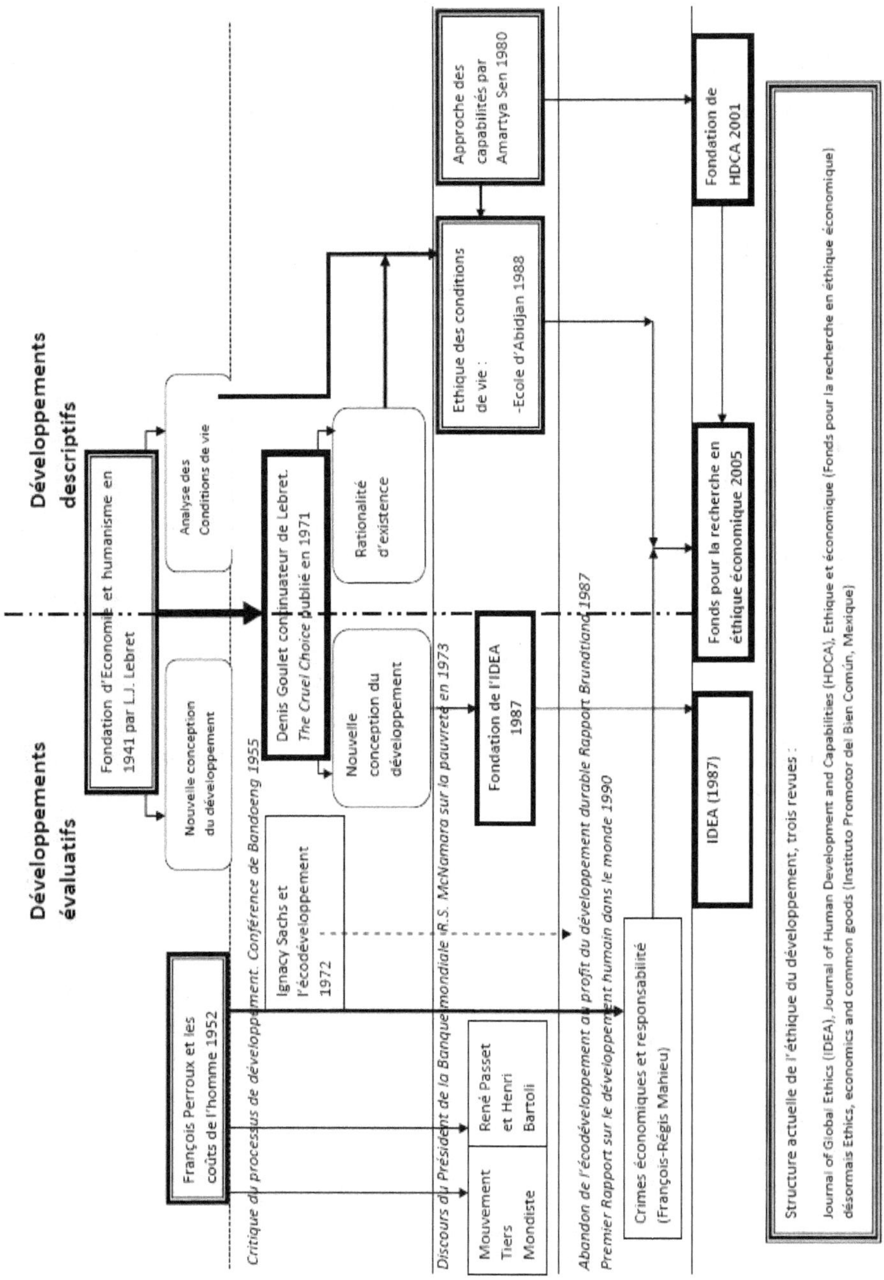

conception du développement humain comme « processus d'élargissement des choix des gens » (PNUD, 1996, p.49), le cœur de l'approche des capabilités. Martha Nussbaum d'appuyer dans un de ses livres : « L'approche que j'étudie ici est connue sous plusieurs noms : approche du développement humain, Capabilité, Approche par les capabilités » (Nussbaum, 2012, p.35).

L'approche des capabilités

L'approche des capabilités n'est pas parfaitement homogène. Elle se scinde au moins en deux points de vue : celui d'Amartya Sen et celui de Martha Nussbaum.

En 1979, Sen posait la question *Equality of What?*, renouvelant le questionnement sur les inégalités en économie. En 1987, il publiait un ouvrage intitulé *On Ethics and Economics* interrogeant les liens entre l'analyse économique et l'éthique. Ces travaux donneront lieu à l'approche des capabilités. Cette dernière associe le développement à la liberté, et les inégalités deviennent des inégalités dans les possibilités de liberté.

Amartya Sen (2010, p.284) note :

> « Contrairement aux modes de pensée reposant sur l'utilité ou les ressources, l'approche par les capabilités juge l'avantage d'un individu à sa capabilité de faire les choses qu'il a des raisons de valoriser. L'avantage d'une personne, en termes de possibilités, est jugé inférieur à celui d'une autre si elle a moins de capabilité -moins de possibilités réelles- de réaliser ce à quoi elle a des raisons d'attribuer de la valeur. Ici, l'attention se concentre sur la liberté qu'elle a vraiment de faire ceci ou d'être cela – ce qui lui paraît bon de faire ou d'être ».

Martha Nussbaum appuie aussi le lien entre cette approche et la liberté : « Promouvoir les capabilités revient à promouvoir des zones de liberté… » (Nussbaum, 2012, p.45).

Si tous les deux sont en accord sur ce point, ils divergent sur la méthode de sélection des libertés à promouvoir. Pour Amartya Sen, on ne peut établir de liste de libertés *a priori*. Elle doit faire l'objet d'un débat argumenté au sein des sociétés, et pour cette raison la démocratie constitue un bon préalable à l'élaboration d'une telle liste. En revanche, Martha Nussbaum établit une liste de capabilités qui constituent une fin en soi. Cette liste est reliée à l'idée d'épanouissement humain ou de dignité humaine. Citons Nussbaum (2012, p.100) :

> « Sen s'exprime parfois comme si toutes les capabilités constituaient des zones de liberté importantes, et comme si le devoir général de la société devait être de maximiser la liberté. Il parle d'une perspective de la liberté, comme si la liberté était un bien social général et multi-usage, dont les différentes capabilités n'étaient que de simples mises en œuvre. La version de Nussbaum ne procède pas de cette manière. Elle prend position sur les questions de contenu et utilise la liste des dix capabilités de base pour fonder les idées de droits politiques fondamentaux et de Constitution ».

Les dix capabilités de base selon Martha Nussbaum (2012, p.55-57) sont :

> « 1. *La vie.* Être capable de mener une vie jusqu'au terme d'une vie humaine d'une longueur normale ; ne pas mourir prématurément, ou avant que sa vie ne soit tellement réduite qu'elle ne vaille plus la peine d'être vécue.
> 2. *La santé du corps.* Être capable d'être en bonne santé (santé reproductive y compris) ; être convenablement nourri ; avoir un abri décent.
> 3. *L'intégrité du corps.* Être capable de se déplacer librement de lieu en lieu ; d'être protégé contre une attaque violente, agression sexuelle et violence domestique comprises ; avoir des possibilités de satisfaction sexuelle et de choix en matière de reproduction.
> 4. *Le sens, l'imagination et la pensée.* Être capable d'utiliser ses sens, d'imaginer, de penser, de raisonner, et de faire tout cela d'une manière vraiment humaine, une manière informée et cultivée par une éducation adéquate (y compris, mais pas seulement, une éducation de base en humanités, mathématiques et sciences). Être capable d'utiliser l'imagination et de penser en lien avec l'expérience et la production d'œuvres et d'évènements de son propre choix, religieux, littéraires, musi-

caux, etc. Être capable d'utiliser son esprit en étant protégé par les garanties de la liberté de l'expression, tant pour le discours politique et artistique que pour la liberté de culte. Être capable d'avoir des expériences qui procurent du plaisir et d'éviter les peines inutiles.

5. *Émotions*. Être capable de s'attacher à des choses et des gens autour de nous ; d'aimer ceux qui nous aiment et qui s'occupent de nous, de regretter leur absence ; de manière générale, être capable d'aimer, de regretter, d'expérimenter la nostalgie, la gratitude, la colère légitime. Ne pas voir son développement émotionnel contraint par la peur et l'angoisse. Défendre cette capabilité signifie soutenir des formes d'associations humaines qui sont cruciales pour leur développement.

6. *La raison pratique*. Être capable de se former une conception du bien et de participer à une réflexion critique sur l'organisation de sa propre vie. Cela suppose la protection de la liberté de conscience et de culte.

7. *L'affiliation. (A)* Être capable de vivre avec et pour les autres, de reconnaître et d'être attentif à d'autres êtres humains, de prendre part à différents types d'interactions sociales ; être capable d'imaginer la situation d'autrui. Protéger cette capabilité signifie protéger des institutions qui constituent et nourrissent de telles formes d'affiliation, et aussi protéger la liberté d'assemblée et de discours politique. *(B)* Avoir les bases sociales du respect de soi et de la non-humiliation ; être capable d'être traité avec dignité et dont la valeur est égale à celle des autres. Cela suppose des dispositions pour interdire les discriminations fondées sur la race, le sexe, l'orientation sexuelle, l'ethnicité, la caste, la religion, l'origine nationale.

8. *Les autres espèces*. Être capable de développer une attention pour et de vivre en relation avec des animaux, les plantes et le monde naturel.

9. *Le jeu*. Être capable de rire, de jouer, de jouir de loisirs.

10. *Le contrôle sur son environnement. (A) Politique*. Être capable de participer efficacement aux choix politiques qui gouvernent sa vie ; avoir le droit de participation politique, la protection du libre discours et de la libre association. *(B) Matériel*. Être capable de posséder (terres et biens meubles), et de jouir de droits de propriété sur une base égalitaire avec les autres ; avoir le droit de chercher un emploi sur une base égale avec les

> autres ; être protégé contre les perquisitions et les arrestations arbitraires. Dans son travail, être capable de travailler comme un être humain, d'exercer ses raisons pratiques et d'entrer dans une relation sensée de reconnaissance mutuelle avec les autres travailleurs ».

En résumé, cette approche s'attache à promouvoir l'idée d'un développement humain en tant que développement de l'humain support des capabilités[1]. Les capabilités sont multiples et sont des libertés de pouvoir faire des choses ou d'être quelqu'un. Elles peuvent être liées à la santé, à l'éducation, à l'emploi, aux loisirs, à la participation à la vie citoyenne, etc. Un point important de cette approche est qu'elle redonne sens et priorité à l'humain sur les agrégats économiques. Le développement concerne les gens et leur vie. Les agrégats économiques ne sont que des variables qui peuvent servir la liberté humaine de faire des choses ou d'être quelqu'un. Et s'ils ne servent pas à cela, alors ils doivent être révisés.

Au-delà de cette approche évaluative du développement à partir des capabilités, ou espaces de libertés, un intérêt descriptif repose sur l'analyse des facteurs qui bloquent la réalisation de ces possibilités de libertés ; ce que cette approche appelle les facteurs de conversion. Il ne s'agit donc pas seulement de mesurer les capabilités que les gens réalisent effectivement, mais aussi de comprendre les facteurs qui empêchent la réalisation de certaines libertés-capabilités. Ces facteurs de conversion sont multiples et peuvent être des facteurs personnels comme un handicap, des facteurs sociaux comme la discrimination, des facteurs politiques comme l'absence de possibilités de participer à des élections ou de s'exprimer sur les choix de vie que les populations souhaitent, ou encore environnementaux avec les conditions climatiques, les contraintes géographiques, etc.

Autrement dit, l'approche des capabilités propose d'évaluer le développement à partir des possibilités que les populations ont de faire des choses ou d'être quelqu'un, et des contraintes qui les empêchent de faire ces choses ou d'être les personnes qu'elles souhaitent. Par delà la

[1] Cette approche ne sera pas développée plus ici. Le lecteur qui souhaite prolonger l'analyse peut se référer à Bonvin et Farvaque (2008).

somme d'écrits désormais considérable utilisant cette approche, sa structuration en association internationale lui donne une assise académique.

La fondation de la Human Developement and Capability Association

En 2001, était organisé par Flavio Comim, ancien étudiant d'Amartya Sen, le premier congrès annuel autour de cette approche, à l'université de Cambridge, sur le thème *Justice and Poverty, examining Sen's Capability Approach*. En 2004, était lancée la Human Development and Capabilities Association qui assure la promotion des travaux autour de cette approche. Le *Journal of Human Development and Capabilities*, publié avec le concours des Nations Unies, en constitue la revue de référence. Les présidents de cette association ont été successivement Amartya Sen (2004-2006), Martha Nussbaum (2006-2008), Frances Stewart (2008-2010), Kaushik Basu (2010-2012), Anthony Atkinson (2012-2014), Henry Richardson (2014-2016), Ravi Kanbur (2016-2018), Ingrid Robeyns (2018-2020), Jay Drydyk (2020-2022), Melanie Walker (2023-2024).
Une mise au point récente de cette approche se trouve dans *The Cambridge Handbook of the Capability Approach* (Chiappero-Martinetti et *al.*, 2020), tandis que les développements les plus récents sont présentés dans l'ouvrage *New frontiers of the capability approach* (Comim et *al.*, 2018).

2. La paternité de Denis Goulet et l'International Development Ethics Association

L'approche des capabilités renouvelle considérablement l'éthique du développement, tandis que le mouvement *Économie et Humanisme* a tendance à s'éteindre ; l'association du même nom s'arrêtera en 2007. Cependant, la filiation avec la pensée de Lebret et Goulet se poursuit dans un autre contexte. En 1984, à l'initiative de David Crocker, un séminaire sur le thème "Ethics and Third World Development," fut organisé à l'université du Costa Rica. Par la suite, les participants décidèrent de former un groupe de réflexion sur l'éthique du développement. Naissait l'*International Development Ethics Association* (IDEA). En 1987, l'IDEA tenait sa première conférence internationale, toujours à l'université du Costa Rica et Denis Goulet prononçait le discours d'ouverture. S'en suivirent des conférences internationales au Mexique (1989), aux États-Unis (1991), au Kenya (1991), au Honduras (1992), au Chili (1995), en Ecosse (1996), en Inde (1997), de nouveau au Honduras (2002), en Espagne (2009), aux États-Unis (2011), au Costa Rica (2014), en Moldavie (2018), en France (2018) et en Colombie (2022).

David Crocker assura la présidence de cette association de sa fondation jusqu'en 2002, suivi de Nigel Dower, Jay Drydyk, Asuncion St Clair, Eric Palmer, puis Lori Keleher. Cette association se situe clairement dans la lignée de Denis Goulet, visant à articuler réflexion normative sur le développement et dialogue avec les praticiens du développement. Ses objectifs sont ainsi (*a*) d'appliquer une réflexion éthique aux objectifs et stratégies de développement, (*b*) d'améliorer les pratiques du développement en cohérence avec des politiques respectueuses des principes éthiques, (*c*) de promouvoir la solidarité et l'échange entre les théoriciens et praticiens du développement.

Les réflexions issues des travaux de cette association restent très marquées par des approches normatives appliquées au développement. Un panel représentatif des travaux issus des chercheurs affiliés à l'IDEA est consultable dans le *Journal of Global Ethics*, dans des numéros spéciaux d'*Ethics and Economics/Ethique et économique*, ou encore au travers d'ouvrages, notamment ceux de Des Gasper (2004), de Charles K. Wilber et Amitava K. Dutt (2006), ou de Lori Keleher et Jay Drydyk (2018). Les thèmes abordés sont vastes. Le *Routledge Handbook of Development Ethics* coordonné par Jay Drydyk et Lori Keleher comprend 39 chapitres. Les thèmes abordent les questions du bien-être, de la justice globale, du développement soutenable, de l'empowerment, des droits de l'homme, de la liberté culturelle, de la responsabilité vis-à-vis du développement, de la corruption, etc. Ce mouvement ne fait pas que poursuivre la pensée de Lebret et Goulet, il la renouvelle en profondeur, réactualisant les débats et en ouvrant d'autres. Le point commun, autour duquel s'articulent les différentes

approches, reste cependant la place de l'humain au cœur du développement.
De nombreux croisements s'effectuent entre la HDCA et l'IDEA, et les membres d'IDEA participent activement aux conférences annuelles de HDCA.

3. L'école d'Abidjan : une éthique des conditions de vie

L'approche du développement proposée par Louis-Joseph Lebret et Denis Goulet consiste à remettre l'humain au cœur du débat sur le développement, dépassant le structuralisme qui domine dans les critiques du développement. L'approche des capabilités proposée par Amartya Sen ouvre, elle, une nouvelle perspective sur les conditions de vie et les facteurs qui bloquent les choix de vie des populations. L'école d'Abidjan s'alimente de cette double influence.
Cette école de pensée se développe dans les années 1980 et au début des années 1990, en Côte d'Ivoire, à Abidjan[1]. Le groupe de chercheurs fondant cette école se constitue en 1980 lors d'une réunion au bureau de Patrick François à la FAO à Abidjan, entre économistes et statisticiens pour travailler sur les questions de nutrition. À cette occasion, les travaux d'Amartya Sen sont cités ainsi que ceux de Louis-Joseph Lebret. Patrick François, en poste à la FAO, connaissait bien les travaux de Lebret. Avant d'être à Abidjan, il avait lancé des enquêtes en Amérique Latine pour mieux comprendre les conditions de vie des populations. Un autre chercheur présent ce jour-là, Jean-Luc Dubois, ayant travaillé avec Patrick François sur des enquêtes en Amérique Latine, connaissait également les travaux de Lebret. À Abidjan, au sein de la Banque mondiale, Dubois tente de mettre en place une nouvelle enquête auprès des ménages qui prendrait mieux en compte les conditions de vie. Il est épaulé par Alice Odunfa, alors ingénieur statisticien à l'Office national des statistiques. Des économistes de l'université d'Abidjan participent également à la création de ce groupe de chercheurs, notamment François-Régis Mahieu, qui di-

[1] Pour de plus amples développements sur cette école de pensée voir Ballet et *al.* (2021).

rige le département d'économie de l'université d'Abidjan, Denis Requier-Desjardins, qui vient d'arriver à Abidjan fin 1980 après plusieurs années passées en Algérie, Marie-France Jarret, ainsi que les économistes ivoiriens Mama Ouattara et Mamadou Koulibaly. Lors de la rencontre de ces deux groupes, statisticiens et économistes, à la FAO, émerge le désir de construire ensemble de nouvelles enquêtes sur les conditions de vie des ménages. Au-delà des nouvelles enquêtes ménages, ce groupe participe à la construction d'une réflexion générale sur une éthique des conditions de vie.

Une éthique des conditions de vie

L'éthique des conditions de vie peut être définie comme un ensemble de questions éthiques pratiques relatives aux politiques publiques lorsqu'elles ont un impact sur les conditions de vie. Cette définition générale soulève au moins trois axes de défis pratiques qui s'entrecroisent.

a) Le premier concerne la question suivante : quelle est la mesure correcte des conditions de vie ? La manière de mesurer les conditions de vie a un impact sur la façon dont les politiques publiques sont évaluées mais aussi mises en œuvre. Par exemple, une mesure inadéquate des conditions de vie peut conduire à la croyance que certains ménages sont plus riches (ou plus pauvres) qu'ils ne le sont en réalité. Une politique de redistribution basée sur une telle mesure serait inappropriée du point de vue de la justice sociale et pourrait précariser certaines personnes.

b) Deuxièmement, outre la question de la mesure, il faut comprendre le comportement des ménages en considérant l'évolution des niveaux de vie. Il faut en particulier s'interroger sur le comportement des personnes face aux transformations sociales et économiques. Par exemple, Lebret, dans ses recherches des années 1930 sur les conditions de vie dans le secteur de la pêche artisanale en France, puis plus largement en Europe, a réalisé des enquêtes de terrain novatrices. Celles-ci ont mis en évidence les caractéristiques des familles de pêcheurs. Il a montré l'évolution des conditions de vie dans le contexte de l'industrialisation de la pêche. Il a également souligné la résistance des pêcheurs artisanaux à cette industrialisation. Prolongeant la perspective de Lebret, Denis Goulet (1988, 1995) a développé le concept de « rationalité d'existence ». Il a exploré, par exemple à travers son expérience avec les communautés gitanes en Espagne, la rationalité des communautés gitanes lorsqu'elles sont confrontées à une transformation sociale. Il a montré à quel point leur résistance à la transformation sociale était forte. Cette deuxième question pratique concerne la compréhension de la rationalité des personnes (individuellement et collectivement) et la manière dont cette rationalité affecte la résistance ou l'acceptation de la transformation sociale, et leurs conditions de vie. Une telle perspective oblige à approfondir les études empiriques sur les conditions de vie par le biais de l'anthropologie.

c) Troisièmement, des critères éthiques doivent être mis en place pour évaluer les politiques publiques, en particulier en ce qui concerne les niveaux de vie des personnes. Quels sont les critères appropriés pour l'évaluation des politiques ? Il faut typiquement des indicateurs plus larges que le niveau de revenu, permettant d'inclure les dimensions sociales, voire psychosociales.

Cette éthique générale des conditions de vie se décline sous la forme de plusieurs travaux de terrain qui relèvent à chaque fois les formes spécifiques de vie ou de survie des populations des pays en développement, particulièrement les populations pauvres.

Des travaux de terrain

Les premiers travaux en Côte d'Ivoire révèlent une éthique de la contrainte communautaire (Mahieu et Odunfa, 1988, 1989 ; Mahieu, 1991). La part des ménages réalisant des transferts monétaires directs atteint plus de 60%. Mais ces transferts monétaires directs ne représentent qu'une faible part des transferts réalisés par les ménages. Il faut ajouter les transferts en nature tels que les produits alimentaires. À partir de ces premières composantes on peut calculer un taux de pression communautaire direct sur les personnes. Mais au-delà, les participations aux funérailles, aux mariages, aux mutuelles et associations, ainsi que la prise en charge du tutorat et de l'hébergement d'autres personnes dans le foyer, constituent des transferts indirects. Par exemple, les enquêtes révèlent que dans certains quartiers d'Abidjan (Abobo et Yopougon), la classe moyenne se trouve avec une charge d'hébergement considérable, quelquefois jusqu'à 18 personnes par habitation. En prenant l'ensemble des transferts indirects, le groupe de chercheurs calcule ainsi un taux de pression communautaire élargi sur la personne.

Les résultats des enquêtes montrent que les transferts directs ne représentent que de 15 à 20% de la pression communautaire sur les personnes. Et plus de 30% des enquêtés subissent une pression communautaire (donc doivent assumer des transferts) supérieur à leur revenu nominal. C'est particulièrement le cas des classes moyennes, tels que les petits fonctionnaires.

Dans de telles conditions, les ménages dont la pression communautaire est très forte se voient obligés de trouver d'autres sources de revenus, par exemple via le travail des enfants ou la corruption. Il s'agit là pour eux de moyens d'assumer leurs obligations. Une telle analyse révèle ainsi que les comportements en apparence « immoraux » d'exploitation ou de corruption répondent en fait à une logique de réponses aux demandes morales exprimées par les membres de la communauté.

Les travaux soulignent l'extrême vulnérabilité des ménages, qui, face à tout changement, peuvent être conduits à exprimer de fortes réactions. Par exemple, cette « surdose » d'obligations par rapport aux droits pourrait expliquer en grande partie les émeutes des employés urbains à Abidjan en 1990-1991. Ces premiers travaux mettent ainsi en évidence le lien entre la vulnérabilité des personnes et la pression communautaire qu'elles subissent, pression qui déséquilibre les cartes individuelles de droits et obligations.

D'autres analyses originales émergent au sein de ce groupe, par exemple l'analyse des transferts croisés de denrées alimentaires, en particulier de riz, entre les villes et les campagnes. Les citadins envoient du riz à leur famille dans les zones rurales, généralement importé, tandis que les ruraux envoient du riz produit localement à leur famille en ville. Si ces transferts semblent à première vue être une forme d'irrationalité et d'inefficacité, ils permettent au contraire de

maintenir une sorte d'équilibre dans les relations communautaires (Requier-Desjardins, 1989). Non seulement les types de riz sont différents, mais les transferts expriment et entretiennent des liens sociaux et affectifs et des appartenances à des groupes.
L'école développe également une critique des travaux d'Amartya Sen sur la famine (Sen, 1981). Elle montre que, dans son analyse, Sen néglige les transferts intra-communautaires qui modifient substantiellement les conditions de vie et donc les situations de famine (Dravie et *al.* 1985 ; Mahieu et Nour, 1987). Les solidarités communautaires permettent dans certains cas de réduire les situations de famine[1].
Les analyses se poursuivent ensuite sur le Burundi (Mahieu et *al.*, 1992). Elles montrent, dans ce cas de figure, que l'éthique des conditions de vie s'appuie sur une éthique de la pluriactivité. Les enquêtes montrent à la fois une pauvreté très forte et une pluriactivité très poussée. Dans un tel contexte, on pourrait s'attendre à ce que les activités les plus rentables monétairement soient les plus favorisées en termes de temps. Or, certaines activités dont le rendement économique direct est relativement faible prennent une importance considérable au niveau de l'allocation du temps. Tel est le cas des boissons traditionnelles, en particulier de la bière de banane. Les activités qui tournent autour de la bière de banane jouent en effet un rôle fondamental dans la structuration des autres activités. Ce type de produit s'inscrit d'abord dans une logique sociale, puis dans un schéma individuel d'allocation du temps. Ainsi le rythme de la journée est ponctué par la recherche et la consommation de ce produit au sein d'un groupe social. Les activités lucratives complémentaires occupent une place plus modeste, mais en même temps dépendent de cette activité sociale, notamment par la discussion et le rôle des relations avec les clients. Dans un tel cadre, si la pluriactivité constitue une stratégie privilégiée afin de réagir aux

[1] François-Régis Mahieu rencontra Amartya Sen en 1986. Dans *Hunger and Public Action* (Drèze et Sen, 1990) publié avec le soutien du World Institute for Development Economics Research (WIDER), le même institut où Mahieu et Nour (1987) publient leur analyse sur la famine au Sahel, Drèze et Sen justifient l'absence de prise en compte des solidarités communautaires dans le cas de la famine en Inde par l'érosion de la communauté et des pratiques communautaires.

contraintes démo-économiques, on comprend également qu'une activité complémentaire à l'activité agricole ne peut se développer isolément. Elle s'imbrique avec le marché social propre à la production et consommation de bière de banane. Si un tel système assure la survie des populations, il demeure relativement fragile. La contrainte forte sur le temps de l'activité sociale et plus généralement sur une pluriactivité pouvant impliquer des navettes entre les différents lieux d'activité n'est guère compatible avec des projets de développement qui ruineraient la structuration du temps autour des activités sociales. Les personnes sont de ce fait très vulnérables aux chocs produits par des politiques de développement.
Malgré un travail vivant et original, au début des années 1990, deux phénomènes se conjuguent et contribuent à la désintégration de l'école d'Abidjan en Côte d'Ivoire. Tout d'abord, une partie des membres du groupe et des jeunes qu'ils formaient a été absorbée par des activités de consultance plus rémunératrices que l'université ; un problème qui a affecté l'ensemble du système universitaire et de la recherche en Côte d'Ivoire (Jarret et Mahieu, 2002). Ensuite, plusieurs piliers du groupe ont quitté la Côte d'Ivoire pour retourner en France. Jean-Luc Dubois a quitté la Côte d'Ivoire en 1984, Denis Requier-Desjardins en 1986 et François-Régis Mahieu a pris un poste en France en 1990.

Restructuration

Durant les années 1990 et 2000, le groupe se restructure autour de quatre axes :

a) La formation et l'encadrement de jeunes chercheurs dans les universités françaises, et en collaboration avec des universités sur le continent africain qui conduit en 2002 à la création d'une Unité mixte de recherche entre l'Université de Versailles Saint Quentin en Yvelines, l'Institut de recherche pour le développement, et des universités partenaires du continent africain : Côte d'Ivoire, Sénégal, Madagascar, Burkina Faso, Mauritanie.

b) Le développement de travaux de terrain en Afrique et en Amérique Latine. Denis Requier-Desjardins développe des recherches sur les systèmes agro-alimentaires localisés (Requier-Desjardins, 2010), que ce soit en Afrique (Bom Kondé et *al.*, 1995 ; Fournier et *al.*, 2002) ou en Amérique Latine (Boucher et Requier-Desjardins, 2005 ; Crespo et *al.*, 2014 ; Requier-Desjardins et *al.*, 2003, 2014, pour ne mentionner que quelques travaux parmi de nombreux autres) où il tisse de nombreux partenariats. Là aussi l'approche des capabilités est confrontée aux travaux de terrain (Boucher et *al.*, 2003). De son côté, Alice Odunfa développe à Abidjan les analyses sur l'éducation en Afrique en lien avec l'approche des capabilités (Odunfa, 2003 ; Kouadio, 2000 ; Kouadio et *al.*, 2018)[1] et devient la tête de pont en Côte d'Ivoire du réseau africain pour la promotion de l'éducation en Afrique.

c) Des travaux plus normatifs sur le développement avec un retour aux travaux de François Perroux, notamment son article sur les coûts de l'homme. À ce titre, François-Régis Mahieu propose une analyse des politiques de développement à partir des notions de « crimes économiques » et de « responsabilité » (Mahieu, 2008), ou encore de soutenabilité sociale du développement (Ballet et *al.*, 2005).

d) Enfin, le groupe noue des relations avec les mouvements internationaux d'éthique du développement que sont IDEA et HDCA. En 2005, des membres du groupe organisent la conférence annuelle de la Human Development and Capability Association à Paris sous l'égide de l'UNESCO. À cette occasion est créé le Fonds pour la recherche en éthique économique (FREE) qui devient la structure fédératrice où se retrouvent les sympathisants de cette école de pensée.

[1] Du fait de son mariage Alice Odunfa devient Alice Kouadio.

10
L'éthique du développement aujourd'hui

L'éthique du développement est aujourd'hui confrontée à des enjeux globaux, encore plus que par le passé. Ces enjeux appellent à une éthique globale. Bien que la notion d'éthique globale soit loin d'être consensuelle (Drydyk, 2014), elle renvoie à l'idée que les grandes questions auxquelles nous sommes confrontés doivent être abordées sous l'angle des interdépendances et des interconnexions qui concernent l'ensemble de la société, les citoyens, comme les entreprises ou les États. Une éthique globale ouvre donc la question des comportements que nous devons avoir les uns envers les autres dans un monde où nous sommes interconnectés. Comme le souligne Drydyk (2014), une éthique globale renvoie à un ensemble de questions qui nécessitent des actions et une coopération transfrontalières. En ce sens, l'éthique globale interroge les relations que nous, citoyens, entreprises, organisations diverses, États, devrions avoir pour résoudre certains problèmes qui ne peuvent pas être résolus par une action locale d'un acteur particulier.

Bien sûr, les enjeux éthiques sont multiples et divers, allant des conflits et de la violence aux droits des populations autochtones, en passant par la protection de l'environnement, l'éducation et la santé, le multiculturalisme et les religions, la démocratie participative, etc[1]. Il ne s'agit pas d'aborder toutes ces questions ici. Dans la mesure où les enjeux actuels relèvent en bonne partie d'une éthique globale, trois thématiques générales sont discutées : la mondialisation et ses effets, la destruction de la nature et le changement climatique, la soutenabilité sociale et la protection des personnes.

[1] Pour un panorama des questions majeures, le lecteur peut consulter Wilber et Dutt (2010) et Drydyk et Keleher (2019), deux ouvrages de synthèse qui proposent des analyses sur des thématiques variées.

1. Lutter contre les effets néfastes de la mondialisation

La vision libérale du développement à travers le Consensus de Washington, déjà évoqué dans un chapitre précédent, est étroitement reliée à la mondialisation. Le consensus de Washington s'appuie, selon l'expression de Dani Rodrik, sur la théorie de la bicyclette[1], ou l'idée qu'un régime économique ouvert nécessite des efforts permanents de libéralisation. La libéralisation n'est jamais totale et ne concerne pas seulement les politiques économiques, mais aussi les politiques sociales dont les bases étatiques doivent disparaître au profit de mécanismes de marché, la protection de l'environnement qui, là encore, doit s'appuyer sur le marché à l'image du marché du carbone ou des paiements pour services environnementaux. Cette vision du développement est pernicieuse.

Les facettes troubles de la mondialisation

a) Tout d'abord, comme le souligne Rodrik (2008), si indéniablement la mondialisation a bénéficié à certains pays en développement, les a aidés à croître fortement, ce sont surtout ceux qui n'ont pas appliqué les règles du consensus qui ont tiré profit de la mondialisation, la Chine, l'Inde, le Vietnam ; tandis que ceux qui se sont efforcés de les appliquer, souvent contraints, n'en ont guère bénéficié, à l'image des pays du continent africain.

> « Le paradoxe est que le développement va bien de pair avec la mondialisation, mais pas avec les politiques de mondialisation élaborées par les économistes d'Amérique du Nord » (Rodrik, 2008, p.6).

Ces politiques reposent sur un modèle :

---

[1] Expression utilisée dans un article de 2007, intitulé « How to Save Globalization from its Cheerleaders », paru dans le *Journal of International Trade and Diplomacy*, septembre, traduit en français dans Rodrik (2008).

> « [...] bancal et mal articulé de développement des sociétés, dans lequel toute intervention freinant le libre jeu de marché est considérée comme résultant de l'activité de groupes d'intérêt chercheurs de rente » (*Ibid.*).

La mondialisation n'est pas un bénéfice commun. Elle est une situation où les stratégies de recherche de rente permettent d'obtenir des avantages au détriment des autres. Et contrairement à l'idée défendue par les partisans du libéralisme économique, la mondialisation n'élimine pas les rentes. Elle ne fait que donner une rente à ceux qui auront développé la meilleure stratégie pour la capter. Au-delà des analyses descriptives des stratégies de rente au sein de la mondialisation, l'éthique du développement suggère une réflexion renouvelée sur les pratiques protectionnistes.

b) Ensuite, le processus de mondialisation est aussi source d'inégalités ; et ce à un double niveau : celui des inégalités entre les pays et celui des inégalités au sein d'un pays (Bourguignon, 2012). Et si, comme l'indiquait Rodrik (2008), certains pays s'en sortent mieux que d'autres, ce qui est source, soit de réduction des inégalités entre pays, soit de leur augmentation, il faut également tenir compte des inégalités à l'intérieur de chaque pays. Même les gagnants de la mondialisation peuvent voir les inégalités en leur sein augmenter. La croissance mondiale ne produit pas toujours des retombées équitables. Or, les inégalités sont aussi un frein au développement économique. Si l'éthique du développement a porté la critique sur l'assimilation du développement à la croissance économique, et fait valoir l'humain au cœur du développement, elle trouve désormais de nouveaux arguments avec la montée des inégalités, parallèle à l'intensification de la mondialisation. Le débat sur le triangle croissance-pauvreté-inégalités l'illustre. Bourguignon (2004) souligne que la distribution des richesses importe au moins autant que leur croissance pour réduire la pauvreté. Il note également que la distribution des richesses affecte les conditions de la croissance et qu'une répartition plus égalitaire assure une meilleure croissance.

c) Enfin, la mondialisation est associée à l'émergence d'organisations privées au pouvoir démesuré, à l'image de certaines firmes multinationales, y compris par rapport à certaines nations, de sorte que leur rôle dans l'économie et le développement interroge sur les moyens de régulation de ces géants. En 1999, au forum économique mondial de Davos, le Secrétaire général des Nations Unies, Kofi Annan, proposait un Pacte mondial, ou *Global compact.* Il s'agit d'un partenariat volontaire entre entreprises, États et sociétés civiles, avec pour but de promouvoir le dialogue et les échanges sur les bonnes pratiques des entreprises en matière de droits de l'homme, de droit du travail, de protection de l'environnement et de lutte contre la corruption. Toutefois, ce pacte n'a aucun pouvoir contraignant. Sur le descriptif du Pacte mondial on peut lire :

> « Le Pacte mondial n'est pas un instrument de réglementation – il ne sert pas à sanctionner, à dicter ou à évaluer le comportement ou les actions des sociétés. Il s'appuie plutôt sur la responsabilité à l'égard du public, la transparence et l'intérêt à long terme des sociétés, du monde du travail et de la société civile pour lancer des actions concrètes et conjointes en appliquant les principes énoncés dans le Pacte mondial ».

Ce genre d'implication volontaire dans des bonnes pratiques de développement soulève évidemment de nombreuses questions autour de la véracité et de la robustesse des mesures et actions mises en avant. Au-delà du pur effet de vitrine que des actions peuvent procurer aux entreprises, leurs actions s'apparentent aussi parfois à une forme de lobbying pour éviter des réglementations plus restrictives. Ainsi le World Business Council for Sustainable Development (WBCSD) qui réunit de très nombreuses multinationales également membres du Pacte mondial, est souvent décrié par les ONG et certaines de ces entreprises font l'objet de leurs attaques en règle concernant des problèmes de non respect des droits de l'homme, de droit du travail, de non respect de l'environnement, etc. Le risque que ce genre d'initiative se transforme en lobbying pour réduire la montée des réglementations est non négligeable (Boidin, 2007). Si, malgré tout, les pratiques volontaires des entreprises peuvent être une piste, y compris en termes d'actions concrètes pour le développement, d'autres modalités de régulation des acteurs majeurs de la mondialisation, incluant le rôle des États ou des conglomérats d'États ou les organisations de la société civile, sont autant de pistes de réflexion pour l'éthique du développement.

Redonner du pouvoir aux gens

Face à ces enjeux, Dani Rodrik défend par exemple un « accord de sauvegardes sociales et environnementales » qui autoriserait un pays, dans certaines circonstances, à ne pas satisfaire à ses obligations internationales en matière de libéralisme.

> « L'une des conditions serait que le demandeur démontre que les transactions économiques internationales en question sont en contradiction avec des normes sociales et environnementales largement acceptées dans un pays. Une ONG pourrait ainsi arguer du fait que les biens importés fabriqués par des enfants violent l'idée que se fait son pays d'une transaction économique acceptable. Une association de consommateurs pourrait de son côté demander l'interdiction de l'importation de biens venant de tel ou tel pays pour des raisons de sécurité » (*Ibid.*, p.32).

D'une manière plus générale, il s'agit de redonner du pouvoir à ceux qui en ont le moins. Les ONG, les syndicats, ou des collectifs de citoyens pourraient ainsi porter des revendications contre leur gouvernement ou contre une entreprise ou une institution internationale. Le cas des luttes contre la biopiraterie en Inde est particulièrement intéressant parce qu'il articule des mouvements de citoyens ou des représentants d'organisations de la société civile (généralement au départ des contestations), une autorité nationale créée à cet effet en 2002, et la ratification par le pays d'un protocole international (le Protocole de Nagoya). Des firmes multinationales ont ainsi été condamnées pour biopiraterie en articulant ces différents niveaux d'action[1].
Bien sûr, les opposants à ce type d'actions pourraient rétorquer que le développement de mécanismes de protection pousserait surtout des

[1] Rappelons que la biopiraterie est usuellement le fait pour un acteur extérieur au pays, souvent une firme multinationale, de s'approprier des ressources issues de la biodiversité de ce pays et d'en tirer des bénéfices au détriment des populations locales. Pour une analyse de plusieurs cas en Inde, et du dispositif d'action de lutte contre ce phénomène dans ce pays, voir Ballet et Ferrari (2019).

groupes de rentiers à se protéger de la concurrence. Mais ils seraient certainement bien en mal de nous expliquer que les propositions faites au Congrès américain pour lutter contre le travail des enfants ont été soutenues notamment par les secteurs d'activité très qualifiés, alors qu'ils n'étaient pas concernés par cette concurrence (Krueger, 1996), que les réactions négatives des populations à la mondialisation ne sont pas motivées par un état d'esprit de préservation de leur revenu et de leur travail, mais par des normes et valeurs sur ce qu'elles jugent bien ou bon dans une société (Mayda et Rodrik, 2005). Indéniablement, les comportements et les réactions des populations ne sont pas motivés uniquement par leur intérêt égoïste, mais aussi par des valeurs qui les animent.

Toutes ces problématiques constituent un terreau fertile pour la paternité de la pensée de Denis Goulet. On y retrouve des enjeux normatifs pour les choix de politiques, mais aussi des enjeux d'analyse de la rationalité des populations, thème qui lui était cher. Les questions de relation entre développement et pouvoir, cette fois chères à François Perroux s'y entremêlent et renvoient aux enjeux actuels sur l'*empowerment* des populations.

Si l'idée d'empowerment a des origines multiples et semble remonter au mouvement Black Power des années 1970, l'apparition formelle du terme dans le domaine du développement peut être attribuée aux mouvements féministes dans les pays du Sud, en particulier en Inde. Les féministes indiennes du mouvement DAWN (Development Alternatives with Women for a New Era), considèrent que le renforcement du pouvoir des femmes n'est pas seulement une question d'accès à un revenu et à l'éducation, mais aussi une question plus générale d'égalité entre les sexes. Il s'agit de provoquer un changement radical dans les structures économiques, politiques, juridiques et sociales qui perpétuent la domination basée sur le genre, ainsi que sur l'origine ethnique, la classe et la caste, afin d'instaurer une véritable culture de la paix. C'est un processus de transformation multidimensionnel et ascendant qui permet aux femmes, ou aux pauvres, de prendre conscience, individuellement et collectivement, des rapports de domination qui poussent à leur marginalisation.

Ce concept véhicule l'idée que les personnes deviennent actrices de leur propre développement. Il est cependant complexe (Drydyk, 2010 ; 2013). Il renvoie d'une part à une dimension normative, à un objectif, que les personnes doivent atteindre ; l'amélioration de leur capacité à façonner leur vie. D'autre part, il renvoie aux moyens d'atteindre cet objectif[1].

2. L'éthique du développement dans un monde post-Brundtland

Les enjeux environnementaux ne peuvent plus être dissociés de ceux du développement. Le rapport Brundtland a indéniablement marqué un tournant en 1987, bien qu'il fasse l'objet de critiques. Ce rapport, avec son concept de développement durable, a constitué un appel vers une réorientation du développement (Sneddon et *al.*, 2006). Les huit Objectifs du Millénaire pour le développement ont transcrit, en 2000 et jusqu'en 2015, d'une certaine manière, l'idée de développement durable. Ils ont été suivis par les dix-sept Objectifs du développement durable. Sur le site des Nations Unies, on peut lire :

> « Les objectifs de développement durable nous donnent la marche à suivre pour parvenir à un avenir meilleur et plus durable pour tous. Ils répondent aux défis mondiaux auxquels nous sommes confrontés, notamment ceux liés à la pauvreté, aux inégalités, au climat, à la dégradation de l'environnement, à la prospérité, à la paix et à la justice. Les objectifs sont interconnectés et, pour ne laisser personne de côté, il est important d'atteindre chacun d'entre eux, et chacune de leurs cibles, d'ici à 2030[2] ».

Ces objectifs sont le nouveau canevas des politiques des institutions internationales, et de fait au cœur des réflexions sur le développement. Le champ d'analyses de l'éthique du développement n'y échappe pas.

---

[1] Bien sûr, l'usage même de ce concept dans les politiques de développement peut faire l'objet de vives critiques ; voir Cornwall et Brock (2005).

[2] https://www.un.org/sustainabledevelopment/fr/objectifs-de-developpement-durable/

Dans un article intitulé *Development ethics and ecological wisdom*, Goulet déclarait (1990, p.36) :

> « L'impératif écologique est clair et cruel : la nature doit être sauvée ou nous, les humains, mourrons. La plus grande menace qui pèse sur la nature - menaçant de destruction irréversible ses pouvoirs de régénération - provient du 'développement'. Ce même 'développement' est également le principal responsable de la perpétuation du 'sous-développement' de centaines de millions de personnes. La tâche d'éliminer le sous-développement inhumain s'impose avec la même urgence que celle de sauvegarder la nature. Ces deux préoccupations ont donné naissance à deux courants éthiques protestataires. Presque toujours, ces deux courants vont dans des directions opposées : l'un se préoccupe de la protection de la nature, l'autre de la promotion de la justice économique. Cette dissonance est tragique car c'est le même pseudo-développement qui est à l'origine des deux problèmes. La seule antithèse au pseudo-développement est une éthique pratique de ce que l'on appelle généralement le 'développement durable', mais qu'il faudrait mieux appeler le 'développement authentique intégral'. Une telle éthique relie les deux courants normatifs, en associant le souci de la responsabilité environnementale à la recherche d'une justice économique universelle »[1].

---

[1] Ma traduction de « The ecological imperative is clear and cruel: nature must be saved or we humans will die. The single greatest threat to nature - menacing irreversible destruction of its regenerative powers - comes from 'development'. This same 'development' is also the major culprit in perpetuating the 'underdevelopment' of hundreds of millions. The task of eliminating degrading underdevelopment imposes itself with the same urgency as that of safeguarding nature. These twin concerns have spawned two ethical streams of protest. Yer almost always the two streams flow in opposite directions: one is concerned with protecting nature, the other with promoting economic justice. This dissonance is tragic because it is the identical pseudodevelopment which lies at the root of both problems. The only antitode to pseudodevelopment is a working ethic of what is generally called 'sustainable development', but which is better termed 'integral authentic development'. Such an ethic joins the two normative streams, linking the concern for environmental responsibility with the drive for universal economic justice ».

Toutefois, au-delà du consensus de façade sur l'idée d'un développement qui soit plus durable, de nombreuses questions restent ouvertes, non seulement sur les pratiques à mettre en œuvre pour aboutir à un développement plus respectueux de l'environnement, mais aussi sur le rôle de la croissance, sur la manière dont on mesure les progrès, et sur l'urgence des actions face au changement climatique. Il s'agit en fait de réinterroger ce que l'on entend par développement humain.

Brundtland et le rôle de la croissance dans le développement humain

Si l'idée de développement durable s'est imposée et a fait consensus dans les sphères politiques des institutions internationales, le rapport Brundtland n'a pas réellement remis en cause le rôle de la croissance économique dans le développement. De fait, ce rapport reste très anthropocentré. Dans le chapitre 2, section 1, paragraphes 4 et 6 de ce rapport on peut lire :

> « §4. La satisfaction des besoins et des aspirations de l'homme est l'objectif principal du développement. Les besoins essentiels d'un grand nombre de personnes dans les pays en développement - nourriture, vêtements, logement, emploi - ne sont pas satisfaits et, au-delà de leurs besoins fondamentaux, ces personnes aspirent légitimement à une meilleure qualité de vie. Un monde dans lequel la pauvreté et l'inégalité sont endémiques sera toujours sujet à des crises écologiques et d'autres crises. Le développement durable exige de répondre aux besoins fondamentaux de tous et d'offrir à chacun la possibilité de satisfaire ses aspirations à une vie meilleure ».

> « §6. La satisfaction des besoins essentiels dépend en partie de la réalisation du plein potentiel de croissance, et le développement durable exige clairement une croissance économique dans les endroits où ces besoins ne sont pas satisfaits. Ailleurs, il peut être compatible avec la croissance économique, à condition que le contenu de la croissance reflète les grands principes de durabilité et de non-exploitation d'autrui. Mais la croissance en elle-même ne suffit pas. Des niveaux élevés d'activité productive et une pauvreté généralisée peuvent coexister et mettre en danger l'environnement. C'est pourquoi le développement du-

rable exige que les sociétés répondent aux besoins humains à la fois en augmentant le potentiel productif et en garantissant des opportunités équitables pour tous ».

Certes, le rapport souligne les relations entre développement et environnement, mais en même temps il donne clairement la prééminence à la satisfaction des besoins humains sur le respect de l'environnement ; surtout, il souligne que la croissance joue un rôle fondamental dans la satisfaction de ces besoins, même s'il convient, comme nous l'avons souligné précédemment, que les inégalités sont un enjeu majeur à associer à la croissance.

Une telle position suppose, toutefois, qu'un découplage entre la croissance du revenu et l'impact environnemental de celle-ci, que ce soit les émissions de CO_2 ou l'empreinte écologique des modes de vie (production-consommation), soit possible. Il est bien sûr possible d'envisager de manière théorique ce découplage, c'est-à-dire la possibilité d'obtenir la même croissance économique avec un impact environnemental plus faible. Il est par exemple envisageable de provoquer un découplage entre la croissance du revenu et les émissions de CO_2 en substituant les énergies fossiles par des énergies propres. Des progrès sont d'ailleurs déjà réalisés par certains pays[1]. Le Canada s'est par exemple engagé à réduire de 30% ses émissions d'ici 2030. Un changement en profondeur est-il néanmoins réalisable dans des délais assurant un niveau d'émission de CO_2 compatible avec le maintien du changement climatique à un niveau maximal de 1.5°C, comme le prévoit l'Accord de Paris ? Des travaux appuient l'impossibilité d'un niveau maximal de réchauffement à 1.5°C avec les stratégies actuelles de croissance économique. Le taux de décarbonation nécessaire avec cet objectif climatique est largement supérieur à ce qui est proposé actuellement dans le cadre des stratégies mises en œuvre (Holz et *al.*, 2018). Un tel objectif ne peut être accompli qu'en adoptant des straté-

[1] Il faut cependant prendre garde de ne pas interpréter les statistiques d'émission de CO_2 sans les contextualiser. L'OCDE (2016) note par exemple que la baisse d'émission de CO_2 dans de nombreux pays européens entre 2000 et 2010 est essentiellement imputable à la crise de 2008 qui a provoqué une baisse de la croissance, et pas à des mesures volontaristes.

gies volontaires de décroissance (Grubler et *al.*, 2018 ; van Vuuren et *al.*, 2018).

Le découplage paraît aussi discutable dans le cas de l'empreinte écologique matérielle, hors émissions de carbone. D'un point de vue théorique, l'efficacité des nouvelles technologies pourrait permettre de réduire les matériaux nécessaires par unité de revenu national. Les travaux prévisionnels proposant des simulations avec substitution technologique concluent cependant à un découplage relatif et à une absence de découplage absolu. Les pays qui s'engagent dans une telle voie peuvent, de fait, obtenir une décroissance de l'empreinte par unité de revenu national, mais cette décroissance est compensée par l'augmentation globale du revenu (Alexander et *al.*, 2018 ; UNEP, 2017 ; Schandl et *al.*, 2016 ; Ward et *al.*, 2016). L'effet relatif d'économie sur les matériaux ne suffit pas à compenser l'effet global de la croissance sur le besoin en matériaux. Pour obtenir un effet de découplage absolu, il faudrait une efficacité des nouvelles technologies irréaliste. Cet effet absolu, s'il était réalisable, serait d'ailleurs temporaire puisque les limites physiques de la planète seraient atteintes à un moment en conservant une croissance similaire à celle que l'on connaît. L'efficacité technologique n'est qu'une façon de repousser l'inévitable contrainte des limites de la planète. Là encore, la seule solution est d'opter pour une stratégie de décroissance.

Vers un Indicateur de développement humain soutenable

Depuis les années 1990, le développement humain est mesuré par l'Indice de développement humain (IDH). Cet indice fait l'objet de critiques que nous avons déjà examinées. Dans la perspective de la recherche d'un développement qui soit compatible avec la préservation de notre environnement et de notre planète, l'IDH doit évoluer pour tenir compte des dimensions environnementales.

L'intégration d'une composante environnementale dans l'IDH n'est pas le fruit d'une réflexion nouvelle. Le Rapport sur le développement humain de 1998 se focalisait d'ailleurs sur la consommation et la durabilité. Toutefois, l'article de Chuluun Togtokh en 2011 dans la revue *Nature* a semble-t-il provoqué un accroissement significatif d'intérêt pour les tentatives de verdissement de l'IDH. L'argument phare de Togtokh est que l'IDH donne la primauté aux plus gros pollueurs. Le revenu par habitant constituant toujours un tiers de l'IDH, nous célébrons, d'une certaine manière, la situation des pays les plus performants économiquement dans l'IDH et ils deviennent les modèles à suivre, alors qu'ils sont de fait ceux qui polluent le plus. Il faut inverser cette tendance pour forger d'autres modèles de développement. En somme, en dépassant l'IDH nous devons nous poser la question de ce que nous voulons faire dire au nouvel indice. Or, comme l'indique le Rapport sur le développement humain de 2010 (p.13) :

> « L'objectif n'est pas d'élaborer un indicateur de bien-être inattaquable, mais de réorienter l'attention vers un développement centré sur l'homme et de promouvoir le débat sur la manière dont nous faisons progresser les sociétés ».

Dans ce rapport de 2010, le PNUD, au moment où il changeait sa formule de calcul de l'IDH, affichait aussi sa volonté de ne pas en modifier la composition. Il reconnaissait certes l'importance d'autres dimensions du développement humain, mais affirmait en même temps sa position en s'appuyant sur la distinction proposée par Amartya Sen entre libertés d'opportunités (ou libertés de choix) et libertés de processus. En suivant cette distinction, le rapport caractérise l'IDH comme un indice de libertés d'opportunités. Une telle position peut paraître contradictoire avec la citation que nous avons donnée plus haut en perdant son caractère d'aiguillon pour provoquer des débats et des avancées dans les sociétés. Il devient une forme d'institutionnalisation d'une mesure des libertés d'opportunités. Cela ne signifie pas, bien sûr, que le concept de développement humain, lui, soit figé. Le rapport de 2010 propose un développement humain compatible avec la soutenabilité de la planète. Mais les débats sur le développement humain se déconnectent de ceux sur l'IDH.

L'IDH ne serait le reflet que d'une dimension du développement humain, celle des libertés d'opportunités. La justice serait une autre dimension que l'on peut approximer par l'IDH ajusté des inégalités, et les libertés de processus renverraient au débat sur la démocratie. Comme le note d'ailleurs le rapport de 2010 (p.24), si la démocratie influence les progrès en matière de développement humain (entendu comme libertés d'opportunités), elle n'est pas une garantie, ce que pourraient d'ailleurs attester les performances en matière de santé et d'éducation de certains pays non démocratiques. Les questions environnementales majeures, dont le changement climatique, apparaissent comme une condition des autres dimensions du développement humain. Ces conditions peuvent être débattues, mais elles n'intègrent pas l'IDH.

Une telle position voudrait dire que l'environnement et la démocratie ne participent pas aux libertés d'opportunités, ce qui est contestable. Les aménités environnementales dont les populations peuvent jouir sont bien sûr des opportunités pour elles. La liberté électorale, pas seulement celle de voter mais aussi de pouvoir se présenter comme candidat, constitue également une opportunité.

Certes, on pourrait objecter que selon les climats des pays (tempéré, équatorial, tropical, subtropical, polaire) les aménités environnementales sont très différentes et qu'il serait absurde de dresser des comparaisons. On pourrait aussi objecter que l'essentiel de la démocratie n'est pas de fournir des opportunités politiques (qui concernent finalement peu de gens) mais de garantir une liberté de processus sur l'ensemble des institutions qui fournissent des libertés d'opportunités.

Ces réponses se heurtent à une perspective de fond que rappelle la philosophie de l'IDH dans le rapport de 2010, mentionnée précédemment.

En suivant Togtokh, nous ne pouvons pas continuer à encenser les pays les plus pollueurs en leur donnant les places des premiers rangs dans l'IDH, et en en faisant des modèles à suivre. Un indicateur de développement humain soutenable doit remédier à cette situation. Les propositions actuelles tentent de réhabiliter l'esprit d'un indicateur qui vise à changer les points de vue sur ce qu'est le développement, de la même manière que l'IDH visait à changer le point de vue sur le rôle de la croissance économique comme seul moteur du développement. Elles articulent principalement deux dimensions nouvelles à l'IDH : l'environnement et la liberté politique. Lors de la construction d'un tel indice plusieurs questions se posent. Nous en examinons quatre :

Comment réduire le rôle de la croissance économique dans l'indice ?, Quelles composantes environnementales prendre en compte ?, Quelles composantes des libertés politiques et civiles prendre en compte ?, Doit-on admettre les substitutions entre les différentes composantes ?

a) Comment réduire le rôle de la croissance. Comme cela a déjà été évoqué, le découplage entre la croissance économique et la préservation de la planète ne semble guère probant. Pour cette raison, il faut réduire le poids de la croissance économique dans le nouvel indice. Hickel (2020) propose par exemple de fixer une valeur maximale au revenu dans le calcul de l'indice de 20 000$ par habitant ; niveau qu'il juge suffisant et au-delà duquel le revenu devient socialement non nécessaire. Il faut noter, et nous l'avons rappelé, que l'HDI utilisait dans certaines formulations une valeur maximale de revenu ; il est vrai double à celle-ci. L'idée n'est pas de pénaliser les pays qui ont un revenu supérieur ou qui voient leur revenu augmenter au-delà de cette limite puisqu'ils ne sont pas soumis à une baisse de la valeur de cette composante dans le calcul de l'indice. Cette valeur assure seulement, qu'au-delà, la composante reste équivalente à 1. Les pays peuvent améliorer leur revenu, mais cela n'affecte plus positivement l'indice. Ils ne sont plus récompensés dans le classement par l'augmentation de revenu au-delà de cette valeur.

L'idée de fixer une valeur maximale au revenu est de surcroît compatible avec de nombreux travaux en économie du bonheur. Ces travaux font valoir qu'au-delà d'un certain seuil l'augmentation de revenu ne procure plus d'accroissement de bonheur. Il existe un découplage entre le revenu et le bonheur, ce que les travaux sur le sujet appellent les ciseaux d'Easterlin. Le niveau de revenu à partir duquel ce découplage se réalise est autour de 15 000$ par habitant. La proposition d'Hickel est en ce sens compatible avec ces travaux.

Étant donnés les résultats sur l'effet de la croissance du revenu sur les questions environnementales majeures, et sur le bonheur des gens, fixer une limite à la composante revenu de l'indice semble justifié. Fixer une telle limite a le mérite de poser clairement l'idée de *revenu suffisant* plutôt que de maintenir la croyance qu'il est bon que le revenu augmente continument.

b) Quelles composantes environnementales. Si l'IDH doit être modifié pour tendre vers un indicateur de développement humain soutenable, il doit en priorité tenir compte des enjeux environnementaux majeurs impactés par l'activité humaine. Steffen et *al.* (2015) soulignent que l'activité humaine affecte de manière critique les limites de la planète sur quatre aspects : le changement climatique, la perte de biodiversité, la charge chimique et le changement du système terrestre. L'acidification de l'océan a atteint un niveau provoquant des dégradations irréversibles (Doney et *al.*, 2009), et la consommation d'eau douce dépasse désormais les limites planétaires (Jaramillo et Destouni, 2015).

Il paraît difficile d'intégrer tous ces enjeux dans le nouvel indicateur, notamment parce qu'il faut trouver une mesure qui puisse correspondre à chaque pays et reflète son activité ou son inactivité. Pour cette raison, les tentatives de verdissement de l'IDH se tournent vers des composantes qui puissent être relevées pour chaque pays et qui en même temps reflètent les enjeux majeurs. Actuellement, deux manières de procéder existent : la première consiste à ajuster l'IDH en y ajoutant une mesure de l'*épargne véritable* ; la seconde vise plus directement à intégrer des composantes environnementales.

La première façon d'intégrer les enjeux environnementaux consiste donc à ajuster l'HDI en lui ajoutant une quatrième composante qu'est l'épargne véritable. Cette première technique se situe dans la lignée des travaux sur la croissance économique, suivant en particulier la suggestion de Robert Solow. Il définit la soutenabilité comme suit : « La voie soutenable pour une économie nationale est celle qui permet à chaque génération future d'être aussi bien lotie que ses prédécesseurs (1993, p.168) » [1]. Dans cette optique, la soutenabilité consiste à maintenir le stock total de capital intact pour les générations futures. Le stock total de capital inclut le capital physique et matériel, le capital financier, le capital humain, et le capital naturel. L'indicateur clé dans cette démarche est le taux d'épargne véritable. Il est estimé en ajustant le taux d'épargne brute (proportion de l'épargne totale dans le revenu national). L'ajustement doit refléter les évolutions de l'ensemble des

---

[1] Traduction de "sustainable path for a national economy is one that allows every future generation the option of being as well off as its predecessors".

formes de capital, soit en plus des formes de capital physique, matériel et financier, l'augmentation du capital humain et l'épuisement du capital naturel mesuré par la disparition des forêts, des ressources énergétiques et minérales, et de l'impact de la pollution comme les effets des émissions de CO_2. Cette procédure est à la fois complexe, car nécessitant de nombreuses données, et discutable, parce qu'elle accepte l'idée que les pertes en capital naturel sont compensées par l'accroissement d'autres formes de capital. Elle se situe dans une optique de soutenabilité faible dans laquelle la substitution entre toutes les formes de capital est acceptée.

La seconde façon d'intégrer les enjeux environnementaux s'appuie directement sur l'insertion de composantes environnementales. Sont particulièrement utilisées les émissions de CO_2 et l'empreinte écologique hors émissions de CO_2 (empreinte écologique matérielle). L'avantage de ces deux composantes est, d'une part qu'elles peuvent être calculées pour chaque pays et que la mesure reflète le rôle du pays, d'autre part qu'elles sont disponibles pour l'ensemble des pays. Elles pointent du doigt l'inaction ou les efforts des pays dans le domaine : le changement climatique pour les émissions de CO_2 et la charge globale que fait peser l'activité humaine sur le renouvellement des ressources pour l'empreinte écologique[1]. Cette procédure a le mérite de fournir des composantes identiques pour tous les pays, ce que ne propose pas implicitement l'épargne véritable qui est plus spécifique à chaque pays en fonction des ressources dont il dispose. Elle a aussi le mérite de tenir compte du mode de vie global et pas seulement de la dégradation de certaines ressources. Enfin, elle ne stipule pas que le capital naturel est un élément parmi d'autres du stock total de capital qui peut être compensé par une augmentation des autres formes de capital. Elle ouvre donc la possibilité à une approche de la soutenabilité forte.

c) Quelles composantes pour les libertés politiques et civiles. L'intégration des libertés politiques et civiles est l'autre enjeu large-

[1] D'autres tentatives ont ajouté aux émissions de carbone la consommation électrique par tête et la consommation énergétique (Chansarn, 2013). L'utilisation de l'empreinte écologique paraît cependant plus complète car plus générale, en même temps que plus simple car plus aisément disponible.

ment appuyé par les tenants de l'approche des capabilités, notamment Amartya Sen. Comme pour les enjeux environnementaux, il faut néanmoins collecter une mesure adéquate des libertés politiques et civiles. Deux mesures différentes sont souvent proposées: le *Freedom House Political Rights and Civil Liberties Rights Index* et le *Human Freedom Index*. Le premier de ces indices capture les libertés politiques à travers une notation du processus électoral, du pluralisme et de la participation politique, et du fonctionnement du gouvernement ; et les libertés civiles à partir d'une évaluation des règles de droit, de la liberté d'expression et de croyance, des droits d'association et d'organisation, de l'autonomie personnelle et des droits individuels[1]. Le second de ces indices tente d'évaluer l'absence de mesures coercitives à partir de 79 indicateurs différents couvrant les domaines suivants[2]: État de droit, sécurité et sûreté, mouvement, religion, association, assemblée et société civile, expression et information, identité et relations, taille du gouvernement, système juridique et droits de propriété, accès à une monnaie saine, liberté de commerce international et réglementation du crédit, du travail et des affaires.

d) La question de la substituabilité. Au-delà du choix des composantes à intégrer au nouvel indicateur, la méthode de calcul de l'indicateur global soulève une problématique fondamentale, celle de la substituabilité entre les composantes. De ce point de vue, deux tentatives récentes assez différentes sont intéressantes à scruter : celle proposée par Hickel (2020) et celle élaborée par Biggeri et Mauro (2018).

Hickel utilise un ratio entre l'IDH usuel (modifié pour fixer une limite maximale du PIB par tête de 20 000 $) et un indice d'impact écologique qui combine l'empreinte écologique matérielle et les émissions de CO_2 (toute valeur combinée qui serait inférieure à 1 signifiant que le pays est vertueux est égalisée à 1 pour ne pas affecter l'IDH). L'indicateur est :

[1] Voir Amstrong (2011) pour une discussion de l'évolution de cet indice, et bien sûr le siteweb de Freedom House (https://freedomhouse.org) pour les données récentes et la méthodologie.

[2] Voir Vásquez et Porcnik (2017) pour cet indice.

$$\text{IDHS} = \frac{\textit{Indice de développement humain}}{\textit{Indice d'empreinte écologique}}$$

L'idée fondamentale de cet indice global est de pénaliser les pays qui obtiennent un IDH élevé en dégradant l'environnement. Ils ont en effet un indice d'impact écologique supérieur à 1 au dénominateur du ratio, ce qui réduit la valeur de l'indice global par rapport à l'IDH qui se trouve au numérateur. La proposition de Hickel suppose que l'on ne peut pas opérer de substitution entre capital naturel et d'autres formes de capital. Elle se situe dans la lignée d'une soutenabilité forte.
Biggeri et Mauro proposent, quant à eux, l'utilisation d'un indice multidimensionnel, tel que :

$$\text{IDHS} = 1 - \left[1/k \sum_{j=1}^{k} (1 - xij)^{g(xi)}\right]^{\frac{1}{g(xi)}}$$

Dans lequel k est l'ensemble des composantes de l'indice, et x_{ij} la valeur de la composante j pour le pays i. La fonction $g(x_i)$ est la moyenne arithmétique des composantes pour le pays i. Le rôle de la fonction $g(x_i)$ est d'éviter que les pays qui auraient une forte hétérogénéité dans les valeurs de leurs composantes compensent parfaitement une composante par une autre. On retrouve ici l'idée du passage de la moyenne arithmétique à la moyenne géométrique dans l'IDH discuté plus haut, afin de tenir compte de l'hétérogénéité éventuelle des valeurs des composantes et réduire l'effet de cette hétérogénéité.
Dans leur proposition, Biggeri et Mauro réduisent donc la substituabilité tout en l'acceptant. Leur approche se situe entre une soutenabilité faible parfaite et la soutenabilité forte. Il est d'ailleurs intéressant de noter que dans leur travail, Biggeri et Mauro proposent également un autre indicateur dans lequel ils remplacent la fonction $g(x_i)$ par e_i, avec e_i qui est la réciproque de la mesure de réalisation de la composante environnementale. Cet indicateur est alors centré sur la question de l'environnement. Cette dernière fonction est beaucoup plus pénalisante pour les pays qui ont un mauvais score dans la

composante environnementale et se rapproche de la soutenabilité forte. Biggeri et Mauro écartent cependant cette tentative en raison de son effet beaucoup plus fort sur l'indice global, et par conséquent en raison de l'impact bien plus net de la composante environnementale sur le résultat de l'indice global (les pays étant les moins performants dans ce domaine chutent plus fortement dans le classement). Leur argument repose sur la robustesse de l'indicateur de développement humain soutenable par rapport à l'IDH. Ils préfèrent donc une méthode de calcul qui autorise plus de substituabilité entre les composantes. Cet argument en apparence technique (sensibilité de l'indice global par rapport aux changements introduits) reflète cependant une vision de la soutenabilité qui tend vers la soutenabilité faible. Le rôle de la substituabilité n'est pas que technique.

Ce que nous apprend un tel indice ?

Les résultats de ces nouveaux indices sont éloquents. Les pays qui se trouvent au top de l'IDH sont pour la plupart plus affectés négativement que les autres (exception faite des pays producteurs et exportateurs de pétrole dont les émissions de CO_2 sont massives du fait de leur spécialisation). Ces nouveaux indices ont le mérite de pointer du doigt que les pays du top dans l'IDH ne sont pas des modèles à suivre. Cependant, un tel type d'indicateur soulève des difficultés d'interprétation. Alors que l'on peut penser que les pays qui sont au top de l'IDH le sont en raison des politiques intentionnelles qu'ils mettent en place (en matière de santé et d'éducation en particulier), ce n'est plus le cas avec l'indicateur de développement humain soutenable (IDHS). Un pays qui a un bon score avec l'IDHS peut obtenir ce score parce qu'il met en place intentionnellement des politiques qui améliorent son score, comme par exemple des politiques de protection de l'environnement et de réduction des émissions de $C0_2$. On peut penser à un pays comme le Costa Rica qui développe l'usage des énergies renouvelables. Mais il se peut aussi que le « bon » score de l'IDHS soit dû à une économie faiblement développée et intensive plutôt qu'à la mise en œuvre de politiques intentionnelles. Il devient délicat dans de telles circonstances de considérer que les pays qui ont un bon score avec l'IDHS sont des exemples à suivre. Pour cette raison, le score de l'IDHS doit plutôt être interprété comme le reflet d'un échec de développement pour certains (ceux qui ont un mauvais score) mais pas comme le reflet d'un bon développement pour les autres (ceux qui ont un bon score). Plutôt que de regarder le classement des pays comme un signal de performance, l'IDHS nous renvoie à la philosophie initiale de l'IDH (qui s'est un peu perdue au fur et à mesure des années) tenant dans la capacité de l'indice à nous interroger sur ce que nous pensons être le développement humain. De ce point de vue, quelles que soient les tentatives, elles nous obligent à porter un regard nouveau sur les performances des pays en la matière.

3. La soutenabilité sociale du développement

Si le concept de développement durable s'est imposé, il a donné lieu à diverses interprétations, tantôt anthropocentrées, tantôt biocentrées. L'opposition entre l'économie et la nature a capté l'essentiel de l'attention et la dimension sociale du développement est restée relativement à l'écart du débat. Quand elle est abordée, elle l'est comme une simple interface entre la nature et l'économie (Ballet et *al.*, 2022), avec l'idée que les comportements et rôles sociaux doivent changer. Pourtant, la dimension sociale peut renvoyer à des enjeux considérables, tels les migrations, les conflits, l'urbanisation non contrôlée, etc. De nombreux travaux soulignent d'ailleurs que les questions environnementales et les questions sociales sont intimement liées. Les migrations climatiques en sont un exemple. Plus généralement, le développement des quartiers insalubres dans les villes et la fragmentation sociale sont liés aux aléas climatiques. Le changement climatique amplifie ces phénomènes (Cohen et *al.*, 2013). De la même manière, la dimension économique et la dimension sociale sont étroitement liées. Les politiques économiques affectent la cohésion sociale, la vulnérabilité et la pauvreté des gens. Les politiques économiques libérales ont, de ce point de vue, pour effet d'accentuer la précarité (Sepúlveda, 2018) et la fragmentation sociale (Cayla, 2020), même la fragmentation spatiale des territoires (Hiernaux-Nicolas, 1999). Cette dimension sociale doit être prise au sérieux et au même niveau que les deux autres.

Définir le pilier social du développement durable

Plusieurs revues de la littérature sur le pilier social du développement durable concluent que le pilier social est généralement pensé à partir d'une liste ouverte d'éléments qui contribuent à faire de la société une société socialement vivable (Griessler et Littig, 2005 ; Vallance et *al.*, 2011 ; Murphy, 2012). Cuthill (2010) propose un exemple de cette liste incluant : la justice sociale, le bien-être social/communautaire, le développement à l'échelle humaine, la gouvernance (avec par exemple la démocratie participative), les infrastructures sociales, le capital humain et social, etc.
En fait, la difficulté avec la définition du pilier social est que le terme « social » est empreint d'ambiguïté : sa signification est à la fois analytique et normative (Griessler et Littig, 2005). Ballet et *al.* (2020) retiennent trois critères, les plus fréquents dans la littérature, pour délimiter les contours de ce pilier.

a) Le premier critère est le niveau de cohésion sociale. La cohésion sociale est la clé de la soutenabilité sociale (Cuthill, 2010 ; Dempsey et *al.*, 2011). Si le terme est sujet à débats, dans sa forme la plus simple, elle peut être interprétée comme la cohérence des attitudes et des comportements adoptés par les individus membres d'un groupe (Friedkin, 2004). Dans le contexte d'une société, la cohésion sociale est la cohérence des attitudes et des comportements des membres de cette société. C'est aussi un indicateur de la qualité de cette société et un des huit grands indicateurs sociaux retenus par l'OCDE pour évaluer cette qualité (2009). Certains travaux préfèrent retenir le concept de capital social plutôt que celui de cohésion sociale (Cuthill, 2010 ; Dempsey et *al.*, 2011 ; Lehtonen, 2004 ; Weingaertner et Moberg, 2014, entre autres). Le capital social s'assimile soit aux normes sociales qui influencent les comportements (Putnam, 1994), soit aux réseaux sociaux dans lesquels les individus se trouvent et dont ils peuvent tirer bénéfice (Bourdieu, 1980). Cette double interprétation confère au concept de capital social un aspect bidimensionnel. Il est toutefois difficile de considérer le capital social comme synonyme de cohésion sociale. Les conséquences négatives du capital social ont en effet été largement soulignées. Par exemple les gangs de quartiers peuvent jouer un rôle dans l'affaiblissement de la cohésion sociale tout en reposant sur un fort capital social interne (Portes et Landolt, 2000).

b) Le deuxième critère est le niveau d'équité dans la société. L'équité est la thématique la plus souvent mentionnée dans la littérature sur le pilier social du développement durable (Jabareen, 2008). En outre, la justice sociale et la justice environnementale sont fortement corrélées (Schlosberg, 2007). Dans une certaine mesure, l'iniquité sociale nous aide à comprendre l'iniquité environnementale (Mohai et *al.*, 2009). Et comme les mouvements qui militent pour plus de justice environnementale revendiquent non seulement une justice distributive, mais également une justice procédurale, la participation directe des populations aux décisions politiques apparaît comme le pilier politique du développement durable (Pawłowski, 2008). Il ne fait d'ailleurs aucun doute que la participation directe des populations à la prise de décision politique renforce la cohésion sociale et la durabilité sociale (Cuthill, 2010 ; Dempsey et *al.*, 2011).

c) Le troisième critère est le niveau de sécurité ressentie par une communauté. La sécurité doit ici être considérée comme une protection contre les chocs économiques, un des enjeux clés du développement (Fiszbein et *al.*, 2014). Selon Eizenberg et Jabareen (2017), la sécurité est même la dimension cruciale de la durabilité sociale. Crabtree et Gasper (2020) soulignent également que le développement n'a pas de sens si la sécurité des personnes ne peut être garantie. La sécurité est le contraire de la vulnérabilité ; la vulnérabilité étant la mesure dans laquelle la société (ou un individu) est susceptible de subir des chocs sans être en capacité d'y faire face.
La sécurité ressemble à la résilience, sauf que la résilience est la capacité à rebondir après un choc ou à en absorber l'impact une fois qu'il s'est produit (*ex post*) (Adger, 2000), tandis que la sécurité consiste à réduire la vulnérabilité avant que le choc ne se produise (*ex ante*).

Vers la soutenabilité sociale

Si le pilier social du développement durable peut être défini à partir de certains critères qui précisent ce qui fait société, alors la soutenabilité sociale revient à ne pas affecter négativement ces critères par des politiques inadaptées et au contraire à renforcer ces éléments qui participent à une société socialement vivable. Ballet et *al.* (2020, 2022) proposent, pour cette raison, d'articuler les trois critères du pilier social à trois axes de politiques publiques formant le triangle de la soutenabilité sociale (figure 2).

Figure 2. Triangle de la soutenabilité sociale

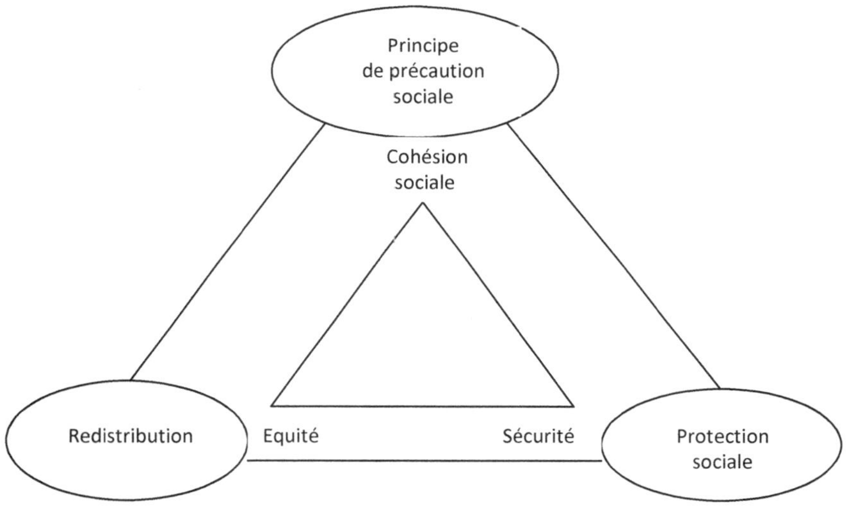

Source : Ballet et *al.* (2022, p.91)

Le premier axe, correspondant à la cohésion sociale, fonde un principe de précaution sociale. Il s'agit de faire en sorte que les politiques publiques, notamment les politiques économiques, ne détruisent pas la cohésion sociale. Le principe de précaution sociale est le pendant du principe de précaution environnementale dans le domaine du social. Le deuxième axe est celui de la protection sociale et correspond au critère de sécurité. La protection sociale doit protéger les personnes contre la pauvreté, l'exclusion, mais aussi la vulnérabilité. Le troisième axe, correspondant à l'équité, appelle à une politique redistributive en faveur des plus démunis, mais également à une justice procédurale par la participation active des citoyens aux décisions de politiques majeures qui les concernent.

La soutenabilité sociale se situe pleinement dans le renouveau de l'agenda de la protection sociale au niveau international (ILO, 2000, 2001 ; OCDE, 2009 ; UNDP, 2021 ; World Bank, 2000, 2020) et plus largement comme un des nouveaux paradigmes de l'aide internationale au développement (Merrien, 2013).

Certains auteurs (Salama, 2002 ; Mahieu, 2008) poussent le raisonnement plus loin en intégrant une dimension normative à la soutenabilité sociale, à travers le concept de crime économique. Un crime économique est un crime résultant de l'action des politiques économiques. Dès lors que les politiques économiques produisent des effets délétères sur les populations, comme une augmentation des maladies ou de la mortalité, alors elles doivent être jugées à l'aune de leurs effets négatifs et les responsables politiques en ayant décidé doivent être reconnus responsables. Un axe de réflexion qui rejoint parfaitement l'éthique du développement en tant que champ d'analyse qui pose la question des responsabilités des acteurs du développement.

Cette question ne doit pas être éludée malgré la mondialisation. Il ne faut pas que cette dernière devienne un prétexte à l'absence de responsabilité. Les enjeux environnementaux et sociaux ne sont pas des fatalités. En témoigne, ces dernières années, les procédures juridiques pour inaction climatique intentées contre les États[1]. De la même manière, on pourrait espérer des actions contre les gouvernements qui laissent leurs populations dans la misère ou qui mettent en œuvre des politiques qui engendrent la misère. Les institutions internationales qui préconisent ces politiques devraient, elles aussi, être mises sur la sellette.

[1] Voir Torre-Schaub (2020) pour une mise au point sur ce sujet.

Remarques conclusives

L'éthique du développement s'est constituée comme champ d'analyses depuis les années 1960. Elle possède quatre caractéristiques.

Premièrement, il ne s'agit pas d'une discipline scientifique en tant que telle, mais plutôt d'une façon d'entrevoir le développement qui traverse toutes les disciplines des sciences sociales et humaines. Elle appelle donc les économistes, les sociologues, les politistes, les démographes, les psychologues, les philosophes, et bien d'autres disciplines, à revoir leurs analyses en y intégrant les questions éthiques. Elle est par essence pluridisciplinaire.

Deuxièmement, elle ne se résume pas à un ensemble d'analyses normatives sur ce que devrait être le développement, ou plus exactement un bon développement. Elle combine des analyses évaluatives et des analyses descriptives, sans *a priori* sur les méthodes, parce qu'il faut évaluer et pour cela décrire les situations de développement avant d'en tirer des conclusions sur le mal-développement et proposer des pistes d'amélioration.

Troisièmement, l'éthique du développement est en phase avec les évolutions de sociétés. Elle intègre donc dans le développement les questions environnementales, les questions sociales, et les questions économiques de notre époque. Pour cette raison, elle ne se réduit pas non plus aux pays dits « en développement » ou du « Sud ». Elle porte une réflexion sur notre monde dans sa globalité, comme sur ses spécificités locales et nationales.

Quatrièmement enfin, ce qui la particularise est de mettre l'humain au cœur des analyses. Contrairement aux modèles de développement macroéconomiques structurels, ou aux critiques du développement qui restent à un niveau macroéconomique ou macrosocial, elle procède par un recentrage sur l'humain, parce que le développement est avant tout le développement de « de tout l'humain - chacun des hommes et tout dans l'homme ».

Références

Adger, W. N. (2000). Social and ecological resilience: are they related?, *Progress in human geography*, *24*(3), 347-364.

Alexander, S., Rutherford, J. & Floyd, J. (2018). A critique of the Australian national outlook decoupling strategy: a 'limits to growth perspective, *Ecological economics*, 145(C), 10-17.

Althaus-Reid, M. (2005). *La Teología indecente*, Barcelona, Bellaterra.

Amin, S. (1970). *L'accumulation à l'échelle mondiale, critique de la théorie du sous-développement*, Paris, IFAN/Anthropos.

Armstrong, D. A. (2011). Stability and change in the Freedom House political rights and civil liberties measures, *Journal of Peace Research*, 48(5), 653-662.

Assidon, E. (1992). *Les théories économiques du développement*, Paris, La découverte.

Ballet, J., Bazin, D., et Mahieu, F. R. (2020). A policy framework for social sustainability: Social cohesion, equity and safety, *Sustainable Development*, *28*(5), 1388-1394.

Ballet, J., Bazin, D., et Mahieu, F-R. (2022). Penser le développement socialement soutenable, *Revue de philosophie économique*, 23(2), 81-100.

Ballet, J., Bazin, D., Dubois, J.-L., et Mahieu, F.-R. (2013). *Freedom, Responsibilities and the Economics of Person*, New York/Londres, Routledge.

Ballet, J., Dubois, J-L. et Kouadio, A. (2021). The Abidjan School and Louis-Joseph Lebret: marrying empirical research and development ethics, *Journal of Global Ethics*, 17(2), 222-242,

Ballet, J., Dubois, J. L., et Mahieu, F. R. (2005). *L'autre développement: le développement socialement soutenable*, Paris, L'Harmattan.

Ballet, J., Ferrari, S. (2019). Justice environnementale et biopiraterie : le cas de l'Inde, *Vertigo-la revue électronique en sciences de l'environnement*, 19(1), art.23926, URL : http://journals.openedition.org/vertigo/23926

Ballet, J., Mahieu, F. R., Radja, K. (2007). Destabilising identity structures: The impacts of domestic and international policy programs in the 1994 Rwanda genocide, *International Journal of Social Economics*. 34(1-2), 37-52.

Bancel, N., David, T., et Thomas, D. (2016). *L'invention de la race: Des représentations scientifiques aux exhibitions populaires*, Paris, La Découverte.

Baran, P.A. (1950). *Économie politique de la croissance*, Paris, Maspero.

Bartoli, H. (1999). *Repenser le développement. En finir avec la pauvreté*, Paris, UNESCO/Economica.

Bartoli, H. (1996). *L'économie au service de la vie*, Grenoble, Presses Universitaires de Grenoble.

Bartoli, H. (1991). *L'économie multidimensionnelle*, Paris, Economica.

Bastide, R. (1967). *Les Amériques noires : les civilisations africaines dans le Nouveau Monde*, Paris, Payot.

Bastide, R. (1960). *Les Religions africaines au Brésil. Vers une sociologie des interprétations de civilisations*, Paris, PUF.

Batista Libanio, J. (2005). La théologie de la libération : Nouvelles figures, *Études*, *402*(5), 645-655.

Baum, G. (1987). Théologie de la libération et marxisme, *International Review of Community Development*, 17, 135-141.

Berger, P. L. (1974). *Pyramids of sacrifice: Political ethics and social change*, New York, Basic Books.

Berr, E. (2009). Le développement soutenable dans une perspective post-keynésienne : retour aux sources de l'écodéveloppement, *Economie Appliquée*, LXI(3), 221-244.

Berr, E. et Combarnous, F. (2005). Vingt ans d'application du consensus de Washington à l'épreuve des faits, *Économie Appliquée*, LVIII (2), 5-44.

Biggeri, M., et Mauro, V. (2018). Towards a more 'sustainable' human development index: integrating the environment and freedom, *Ecological Indicators*, 91, 220-231.

Blanchard, P. (2011). *Zoos humains et exhibitions coloniales: 150 ans d'inventions de l'Autre*, Paris, La découverte.

Blaug, M. (1982). *La méthodologie économique*, Paris, Economica.
Boeke, J.H. (1961). *The Theory o Dualism. The Concept of Dualism in Theory and Policy*, Amsterdam, W. Van Hoeve Publisher Ltd.
Boff, L. (2014). *Ecology & liberation: a new paradigm*, Maryknoll, NY, Orbis Books.
Boff, L. (1997). *Cry of the Earth, Cry of the Poor*, Maryknoll, NY, Orbis Books.
Boidin, B. (2007). Processus de normalisation de la RSE, état des lieux, dans Boidin B., Postel N., Rousseau S. (dir.), *Responsabilité sociale et environnementale de l'entreprise : Interactions, des logiques d'acteurs dans la construction de normes*, CLERSE-IFRESI, Université des sciences et technologies de Lille.
Bom Kondé, P., Muchnik, J., et Requier-Desjardins, D. (1995). Diffusion des savoir-faire et des produits: la transformation du manioc et du maïs au sud et à l'ouest du Cameroun, *Cahiers de la recherche développement*, 40, 59-75.
Bonvin, J-M. et Farvaque, N. (2008). *Amartya Sen. Une politique de la liberté*, Paris, Michalon.
Bookchin, M. (2022). What is social ecology?, dans Boylan M. (ed), *Environmental Ethics*, pp.63-74, Londres, Wiley.
Boucher, F., Carimentrand, A., et Requier-Desjardins, D. (2003). Agro-industrie rurale et lutte contre la pauvreté: les systèmes agroalimentaires localisés contribuent-ils au renforcement des capabilités ? Mimeo.
Boucher, F., et Requier-Desjardins, D. (2005). La concentración de las queserías rurales de Cajamarca: retos y dificultades de una estrategia colectiva de activación, *Agroalimentaria*, 11(21), 13-27.
Bourdieu, P. (1980). Le capital social, *Actes de la recherche en sciences sociales*, *31*(1), 2-3.
Bourdin, B. (2016). Les défis d'une théologie du politique dans et pour la démocratie: faire face au néolibéralisme, *Société, droit et religion*, (1), 21-37.
Bourguignon, F. (2012). *La mondialisation de l'inégalité*, Paris, Seuil.
Bourguignon, F. (2004). Le triangle pauvreté-croissance-inégalités, *Afrique contemporaine*, *211*(3), 29-56.
Bradlow, D.D. (1994). International Organizationns and Private Com-

plaints: The Case of the World Bank Inspection Panel, *Virginia Journal of International Law*, 553, 576-579.

Brauman, R. (1986). Ni tiers-mondisme, ni cartiérisme, dans *Le tiers-mondisme en question*, Éditions Olivier Orban.

Britto, G. et Mendes Cunha, A. (2018). Développement, créativité et création collective : parallèles entre la pensée de Perroux et celle de Furtado, dans Loty L., Perrault J-L., Tortajada R. (sous la dir), *Vers une économie humaine? Desroche, Lebret, Lefebvre, Mounier, Perroux, au prisme de notre temps*, pp.427-441, Paris, Hermann.

Byers, E.A., Gidden, M., Leclère, D., Balkovic, J., Burek, P., Ebi, K., Greve, P., Grey, D., Havlik, P., Hillers, A., Johnson, N., Kahil, T., Krey, V., Langan, S., Nakicenovic, N., Novak, R., Obersteiner, M., Pachauri, S., Palazzo, A., Parkinson, S., Rao, N.D., Rogelj, J., Satoh, Y., Wada, Y., Willaarts, B. and Riahi, K. (2018). Global exposure and vulnerability to multi-sector development and climate change hotspots, *Environmental Research Letters*, 13(5), 055012.

Cahill, M. B. (2005). Is the human development index redundant?, *Eastern Economic Journal*, 31(1), 1-5.

Carimentrand, A. et Ballet, J. (2010). When FairTrade Increases Unfairness. The Case of Quinoa from Bolivia, Cahier/Working paper FREE n°5-2010.

Cayla, D. (2020). *Populisme et néolibéralisme: Il est urgent de tout repenser*, Bruxelles, De Boeck Supérieur.

Chansarn, S. (2014). The evaluation of the sustainable human development: A cross-country analysis employing slack-based DEA, *Procedia Environmental Sciences*, 20, 3-11.

Chenery, H. et Strout, A.S. (1966). Foreign Assitance and Economic Development, *American Economic Review*, 56, 680-733.

Chiappero-Martinetti, E., Osmani, S., et Qizilbash, M. (Eds.). (2020). *The Cambridge Handbook of the Capability Approach*, Cambridge, Cambridge University Press.

Cohen, I., Sanchez, S., Úrsula, O., Padilla, G. D., Paredes, J. C., Inzunza Ibarra, M. A., Lopez, R. L. et Diaz, J. V. (2013). Forced Migration, Climate Change, Mitigation and Adaptive Policies in Mexico: Some Functional Relationships, *International Migration*, 51(4), 53–72.

Combarnous, F., Piveteau, A., et Rougier, E. (2022). Des modèles de développement aux mondes du développement : une enquête statistique, *Mondes en développement*, 50 (3-4), 69-96.

Comblin, J. (2003). *Où en est la théologie de la libération: L'Église catholique et les mirages du néolibéralisme*, Paris, L'Harmattan.

Comim, F., Fennell, S., et Anand, P. B. (Eds.). (2018). *New frontiers of the capability approach*, Cambridge, Cambridge University Press.

Colin, R. (2018). L'économie humaine au défi de la décolonisation : Lebret, desroche, Perroux au Sénégal avec Mamadou Dia, dans Loty L., Perrault J-L., Tortajada R. (sous la dir), *Vers une économie humaine? Desroche, Lebret, Lefebvre, Mounier, Perroux, au prisme de notre temps*, pp.349-357, Paris, Hermann.

Cornia, G. A., Jolly, R., et Stewart F. (1989). *Adjustment with a human face*, Oxford, Oxford University Press.

Cowen, M.P., et Shenton, R.W. (1996). *Doctrines of Development*, Londres, Routledge.

Cornwall, A., et Brock, K. (2005). Beyond buzzwords "poverty reduction","participation" and "empowerment" in development policy, Program paper N°10, United Nations Research Institute for Social Development.

Crabtree, A., et Gasper, D. (2020). Conclusion: The sustainable development goals and capability and human security analysis, dans A. Crabtree (ed), *Sustainability, capabilities and human security*, p.169-182, Londres, Palgrave/McMillan.

Crawford, N.C. (2002). *Argument and Change in World Politics*, Cambridge, Cambridge University Press.

Crespo, J., Requier-Desjardins, D., et Vicente, J. (2014). Why can collective action fail in local agri-food systems? A social network analysis of cheese producers in Aculco, Mexico, *Food Policy*, 46, 165-177.

Crighton, E. J., Barwin, L., Small, I., Upshur, R. (2011). What have we learned? A review of the literature on children's health and the environment in the Aral Sea area, *International Journal of Public Health*, *56*, 125-138.

Crighton, E. J., Elliott, S. J., van der Meer, J., Small, I., Upshur, R. (2003). Impacts of an environmental disaster on psychosocial health

and well-being in Karakalpakstan, *Social Science & Medicine*, 56(3), 551-567.
Crocker, D. (2006). Foreword, dans *Development Ethics at Work: Explorations –1960-2002*, edited by Denis Goulet, xiv–xxix, Londres et New York, Routledge.
Crocker, D. A. (1996). International development ethics. Breve introducción en línea, http://www. bu. edu/wcp/Papers/OApp/OAppCroc. htm" http://www. bu. edu/wcp/Papers/OApp/OAppCroc. htm.
Crocker, D.A. (1991). Toward Development Ethics, *World Development*, 19(5), 457-483.
Cuthill, M. (2010). Strengthening the 'social' in sustainable development: Developing a conceptual framework for social sustainability in a rapid urban growth region in Australia, *Sustainable development*, *18*(6), 362-373.
Dempsey, N., Bramley, G., Power, S., & Brown, C. (2011). The social dimension of sustainable development: Defining urban social sustainability, *Sustainable development*, *19*(5), 289-300.
Doney, S. C., Fabry, V. J., Feely, R. A., Kleypas, J. A. (2009). Ocean acidification: the other CO2 problem; *Annual Review of Marine Science*, 1, 169-192.
Dower, N. (2010). Development and Ethics of the Means, in C.K. Wilber et A.K. Dutt (eds), *New Directions in Development Ethics*, pp.29-37, Notre Dame, Indiana, Notre Dame University Press.
Dravie, C., Mahieu, F-R., et Requier-Desjardins, D. (1985). Poverty and famines: An essay on entitlement and deprivation, *Revue Tiers Monde*, 26(104), 932-943.
Drèze, J., et Sen, A.K. (1990). *Hunger and public action*, Oxford, Clarendon Press.
Drydyk, J. (2014). Foundational issues: how must global ethics be global?, *Journal of Global Ethics*, 10(1), 16-25.
Drydyk, J. (2013). Empowerment, agency, and power, *Journal of Global Ethics*, 9(3), 249-262.
Drydyk, J. (2010). Participation, Empowerment, and Democracy: Three Fickle Friends, dans Amitava Dutt and Charles Wilber (eds), *New Directions in Development Ethics: Essays in Honor of Denis*

Goulet, pp.333–356, Notre Dame, IN, University of Notre Dame Press.

Drydyk, J. (2005). When is Development More Democratic?, *Journal of Human Development*, 6(2), 247-267.

Drydyk, J. et Keleher, L. (2019). *Routledge Handbook of Development Ethics*, Londres et New York, Routledge.

Dubois, J-L. (1996). L'expérience du programme Dimensions sociales de l'ajustement, *Cahier de Sciences humaines*, *2*(2196), 379-402.

Dumont, R. (1986). *Pour l'Afrique j'accuse,* Paris, Plon.

Dumont, R. (1962). *L'Afrique noire est mal partie*, Paris Seuil.

Eizenberg, E., et Jabareen, Y. (2017). Social sustainability: A new conceptual framework, *Sustainability*, 9(1), 68.

Emmanuel, A. (1969). *L'échange inégal. Essai sur les antagonismes dans les rapports économiques internationaux*, Paris, Maspero.

Figuière, C., Boidin, B., Diemer, A. (2014). *Economie politique du développement durable*, Louvain-la-Neuve, De Boeck.

Finnemore, M. et Sikkink, K. (1998). Norms and International Relations Theory, *International Organization*, 52(4), 887-917.

Fiszbein, A., Kanbur, R., et Yemtsov, R. (2014). Social protection and poverty reduction: Global patterns and some targets, *World Development*, *61*, 167-177.

Fournier, S., Muchnik, J., et Requier-Desjardins, D. (2002). Enjeux et contraintes du développement de la filière huile de palme au Bénin: une approche par les systèmes agro-alimentaires localisés, *Les Cahiers d'Outre-Mer. Revue de géographie de Bordeaux*, 55(220), 475-494.

Frank, A.G. (1978). *L'accumulation dépendante*, Paris, Anthropos.

Friedkin, N. E. (2004). Social Cohesion. *Annual Review of Sociology*, *30*, 409-425.

Froger, G., Meral, P., et Herimandimby, V. (2004). The expansion of participatory governance in the environmental policies of developing countries: the example of Madagascar, *International Journal of Sustainable Development*, *7*(2), 164-184.

Furtado, C. (1994). Retour à la vision globale de Perroux et Prebish, *Économie Appliquée*, XLVI(3), 171-180.

Garenne, M. (2011). *Trends in nutritional status of adult women in sub-Saharan Africa* (p. 115), Calverton, MD, ICF Macro.

Gasper, D. (2011). Pioneering the human development revolution: Analysing the trajectory of Mahbub ul Haq, *Journal of Human Development and Capabilities*, 12(3), 433-456.

Gasper, D. (2006a). What is the point of Development Ethics?, *Ethics and Economics*, 4(2), http://ethique-economique.net.

Gasper, D. (2006b). Introduction: Working in Development Ethics: A Tribute to Denis Goulet, *Ethics and Economics*, 4(2), http://ethique-economique.net.

Gasper, D. (2004). *The Ethics of Development*, Edinburgh, Edinburgh University Press.

Gasper, D. (2000), Anecdotes, Situations, Histories-Reflections on the Use of Cases in Thinking about Ethics and Development Practice, *Development and Change*, 31(5), 1055-1083.

Georgescu-Roegen, N. (1972). *The entropy law and the economic process*, Cambridge Mass., Harvard University Press.

Girardet, R. (1972). *L'idée coloniale en France: de 1871 à 1962*, Éditions La table ronde.

Goulet, D. (1995). *Development Ethics: A Guide to Theory and Practice*, New York, Apex.

Goulet, D. (1990). Development ethics and ecological wisdom, dans J.R. Engel et J.G. Engel (eds), *Ethics of Environment and Development: Global Challenge and International Response,* pp.36-49, Londres, Belhaven Press,.

Goulet, D. (1988). Tasks and Methods in Development Ethics, Working paper 106, Kellogg Institute for International Studies, Université de Notre Dame.

Goulet, D. (1980). Development Experts: The One-Eyed Giants, *World Development*, 8, 481-489.

Goulet, D. (1971). *The Cruel Choice. A New Concept in the Theory of Development*, Lanham, University press of America

Goulet, D. (1960). *Pour une éthique du développement*, Développement et Civilisations, 3 : 10-23, http://www.lebret-irfed.org/spip.php?article786.

Griessler, E., et Littig, B. (2005). Social Sustainability: A Catchword between Political Pragmatism and Social Theory, *International Journal for Sustainable Development*, 8 (1/2), 65–79.

Grubler, A., Wilson, C., Bento, N., Boza-Kiss, B., Krey, V., McCollum, D. L., Cullen, J. (2018). A low energy demand scenario for meeting the 1.5 C target and sustainable development goals without negative emission technologies, *Nature Energy*, 3(6), 515-527.

Guitard, O. (1976). *Bandung et le réveil des peuples colonisés*, Paris, PUF.

Gutiérrez, G. (1993). Option pour les pauvres : bilan et enjeux, *Théologies*, 1(2), 121-134.

Gutiérrez, G. (1970), Notes for a theology of liberation, *Theological Studies*, 31(2), 243-261.

Hallegatte, S., et Rozenberg, J. (2017). Climate change through a poverty lens, *Nature Climate Change*, 7(4), 250–256.

Hare, R.M. (1952). *The Language of Morals*, Oxford, Oxford University Press.

Harvey, D. I., Kellard, N. M., Madsen, J. B., Wohar, M. E. (2010). The Prebisch-Singer hypothesis: four centuries of evidence, *The Review of Economics and Statistics*, 92(2): 367-377.

Hempel, C.G., et Oppenheim, P. (1965). Studies in the Logic of Explanation, dans C.G. Hempel (ed), *Aspects of Scientific Explanation*, pp.245-295, New York, Free Press.

Herskovits, M.J. (1952). *Les bases de l'anthropologie culturelle*, Paris, Payot.

Hickel, J. (2020). The sustainable development index: Measuring the ecological efficiency of human development in the anthropocene, *Ecological Economics*, 167, 106331.

Hiernaux-Nicolas, D. (1999). Fondements territoriaux du libéralisme contemporain, *Revue tiers monde*, 107-120.

Hinkelammert, F. (2000). La théologie de la libération dans le contexte économique et social de l'Amérique latine, *Alternatives Sud*, 7(1), 77-100.

Hirschman, A.O. (1964). *La stratégie du développement économique*, Paris, Les éditions ouvrières.

Hofman, E., et Marius-Gnanou, K. (2007). Le crédit des femmes et l'avenir de l'homme, *Dialogue*, 37, 7-12.

Holz, C., Siegel, L. S., Johnston, E., Jones, A. P., Sterman, J. (2018). Ratcheting ambition to limit warming to 1.5 C–trade-offs between emission reductions and carbon dioxide removal, *Environmental Research Letters*, 13(6), 064028.

Houée, P. (1997). *Louis Joseph Lebret. Un éveilleur d'humanité*, Paris, Les éditions ouvrières.

Hugon, P. (2003). Le concept d'acteurs du développement chez les pionniers du développement : Albert Otto Hirschman et François Perroux, *Mondes en développement*, 4(124), 9-31.

Ibhawoh, B. (1999). Structural adjustment, authoritarianism and human rights in Africa, *Comparative studies of South Asia, Africa and the Middle East*, 19(1), 158-167.

Illich, I. (1973). *La convivialité*, Paris, Le Seuil.

ILO. (2000). *World labour report 2000 : Income security and social protection in a changing world*, Genève, ILO.

ILO. (2001). *Social Security: a new consensus*, Genève, International Labour Office.

Jabareen, Y. (2008). A new conceptual framework for sustainable development, *Environment, development and sustainability*, 10, 179-192.

Jalée, P. (1965). *Le pillage du Tiers monde*, Paris, Maspéro.

Jaramillo, F., et Destouni, G. (2015). Comment on "Planetary boundaries: Guiding human development on a changing planet, *Science*, 348(6240), 1217-1217.

Jarret, M-F., et Mahieu, F-R. (1991). Ajustement structurel, croissance et répartition: l'exemple de la Côte-d'Ivoire, *Revue tiers monde*, 32(125), 39-62.

Jarret, M-F., et Mahieu, F-R. (2002). *La Côte-d'Ivoire. De la déstabilisation à la refondation*, Paris, L'Harmattan.

Jeannesson, S. (2016). *La guerre froide*, Paris, La Découverte.

Jolly, R., Emmerij, L., Weiss, T.G. (2005). *The Power of UN Ideas: Lessons from the First 60 Years. New York, UN Intellectual History Project*, New York, City University of New York.

Jullien, C. F. (1984). Théologie de la libération et Realpolitik, *Politique étrangère*, 893-905.

Klugman, J., Rodríguez, F., Choi, H. J. (2011a). The HDI 2010: new controversies, old critiques, *The Journal of Economic Inequality*, 9(2), 249-288.

Klugman, J., Rodríguez, F., Choi, H. J. (2011b). Response to Martin Ravallion, *Journal of Economic Inequality*, 9(3), 497-499.

Koffi, J-M.K., Komena, B.K., Ballet, J. (2012). Pollution importée, responsabilité et principe de précaution. Analyse à partir du cas des déchets toxiques déversés en Côte d'Ivoire, dans C. Maganda and O. Petit (Eds), *Strategic Natural Resource Governance. Contemporary Environmental Perspectives*, pp.67-98, Bruxelles, Peter Lang.

Kouadio Odunfa, A. (2000). The impact of the socioeconomic and pedagogical environment on the success of girls at the end of primary school, *Journal of Institutional Research*, 9(1), 65-68.

Kouadio Odounfa, A., Azoh, F-J., Bonnel, M-L., Maïga, S., N'Dri, J. (2018). Les collèges de proximités en Côte d'Ivoire au prisme de l'approche par les capabilités, Working Paper 0c7a58b3-7f32-4407-b4f5-8, Agence française de développement.

Krueger, A. (1996). Observations on International Labor Standards and Trade, NBER Working paper, W5632.

Latouche S. (1989), *L'Occidentalisation du Monde: essai sur la signification, la portée et les limites de l'uniformisation planétaire*, Paris, La découverte.

Latouche, S. (1984). L'échec de l'occidentalisation du monde, *Revue Tiers Monde*, 25(100), 881-892.

Lebret, L-J. (1966). *Développement et civilisation*, Paris, Économie et humanisme.

Lebret, L.-J. (1963a). *Dynamique concrète du développement*, Paris, éditions ouvrières.

Lebret, L.-J. (1963b). Pour une éthique du développement, *Economie et Humanisme*, 148, 1-7.

Lebret, L.-J. (1960). *Le drame du siècle*, Paris, Les éditions ouvrières.

Lebret, L.-J. (1959). *Manifeste pour une économie humaine*, Lyon, Economie et Humanisme.

Lee, L. F., Rosenzweig, M. R., Pitt, M. M. (1997). The effects of improved nutrition, sanitation, and water quality on child health in high-mortality populations, *Journal of econometrics*, *77*(1), 209-235.

Lehtonen, M. (2004). The environmental–social interface of sustainable development: capabilities, social capital, institutions, *Ecological economics*, *49*(2), 199-214.

Lewis, A.W. (1954). Economic Development with Unlimited Supplies of Labour, *The Manchester School*, 22(2), 139-191.

Loubet del Bayle, J. L. (1998). Le mouvement personnaliste français des années 1930 et sa postérité, *Politique et sociétés*, 17(1-2), 219-237.

Löwy, M. (2007). Le marxisme en Amérique latine de José Carlos Mariátegui aux zapatistes du Chiapas, *Actuel Marx*, 2, 25-35.

Mahieu, F.-R. (2008). *Responsabilité et crimes économiques*, Paris, L'Harmattan.

Mahieu, F.-R. (2001). *Ethique économique. Fondements anthropologiques*, Paris, L'Harmattan.

Mahieu, F.-R. (1991). *Les fondements de la crise économique en Afrique*, Paris, L'Harmattan.

Mahieu, F-R., et Odunfa, A. (1989). Droits et obligations à Daoukro, Côte d'Ivoire, Working paper, Séminaire d'économie publique, Abidjan, Université Nationale de Côte d'Ivoire.

Mahieu, F-R., et Odunfa, A. (1988). La différenciation sociale en Afrique de l'Ouest face aux droits et aux obligations, Working paper, Abidjan, Université Nationale de Côte d'Ivoire.

Mahieu, F-R., Sindano, K., et Mbazutima, M. (1992). Le secteur non structuré rural au Burundi, Enquête nationale sur les activités complémentaires à l'activité agricole, Bujumbura, BIT/Ministère du travail.

Mahieu, F-R., et Nour, M.M.. (1987). The Entitlement Approach to Famines and the Sahelian Case: A Survey of the Available Literature, Helsinki, WIDER.

Maritain, J. (1952). *Trois Réformateurs : Luther, Descartes, Rousseau*, Paris, Plon.

Martínez Andrade, L. (2018). Le marxisme dans la théologie de la libération aujourd'hui, *Actuel Marx*, 2, 60-73.

Mayda, A.M., et Rodrik, D. (2005). Why Are Some People (and Countries) More Protectionist then others, *European Economic Review*, 49(6), 1393-1430.

Meadows, D. H., Meadows, D. L., Randers, J., Behrens, W. W. (1972). *The limits to growth*, New York, Routledge.

Merrien, F.-X. (2013). La protection sociale comme politique de développement : un nouveau programme d ' action international, *Revue internationale de politique de développement*, 5(1), 1–20. https://doi.org/10.4000/poldev.1519

Meunier, E. M. (2007). *Le pari personnaliste: modernité et catholicisme au XXe siècle*, Québec, Fides.

Micklin, P. (2007). The Aral sea disaster, *Annual Review of Earth Planet Science*, 35, 47-72.

Mohai, P., Pellow, D., Roberts, J. T. (2009). Environmental justice, *Annual review of environment and resources*, *34*, 405-430.

Morin, F. (1992). Les premiers congrès Shipibo-Conibo dans le contexte politique et religieux des années 60-70, *Journal de la Société des Américanistes,* LXXVIII(2), 59-77.

Morris, D.M. (1979). Measuring the condition of the world's poor: The physical quality of life index, Pergamon Policies Studies n°42, New York, Pergamon Press.

Mounier, E. (2010). *Le personnalisme*, Paris, PUF.

Murphy, K. (2012). The Social Pillar of Sustainable Development: A Literature Review and Framework for Policy Analysis, *Sustainability: Science, Practice and Policy*, 8 (1), 15–29.

Myrdal, G. (1958). *Planifier pour développer*, Paris, Economie et Humanisme/les éditions ouvrières.

Narayan, D., Patel, R., Schafft, K., Rademacher, A., Koch-Schulte, S. (2000). *Can anyone hear us? Voices from 47 countries, Voices of the poor*, volume 1, Oxford, Oxford University Press, World Bank.

Narayan, D., Chambers, R., Shah, M.K., Petesch, P. (2000). *Crying out for Change, Voices of the poor*, volume 2, Oxford, Oxford University Press, World Bank.

Nurske, R. (1953). *Les problèmes de la formation du capital dans les pays sous-développés*, Paris, Cujas.
Nussbaum, M. (2012). *Capabilités. Comment créer les conditions d'un monde plus juste ?*, Paris, Flammarion.
Odounfa, A. (2003). Le défi de l'éducation pour tous en Côte d'Ivoire, *Education for All Global Monitoring Report 2003*, 4, 1-24.
OCDE (2016). *Environment at a Glance: OCDE Indicators*, Paris, OCDE.
OCDE. (2009). *Promoting pro-poor growth: Employment*, Paris, OECD.
ONU (1949). *Prix relatifs des exportations et importations des pays sous-développés*, New York, ONU.
Partant, F. (1982). *La fin du développement : naissance d'une alternative*, Paris, Maspero.
Partant, F. (1982). *La fin du développement: naissance d'une alternative ?*, Paris, Maspero.
Passet, R. (1979). *L'économique et le vivant*, Paris, Économica.
Pawłowski, A. (2008). How many dimensions does sustainable development have?, *Sustainable development*, 16(2), 81-90.
Pelletier, D. (1996). *Économie et Humanisme : de l'utopie communautaire au combat pour le Tiers Monde 1941-1966*, Paris, Le Cerf.
Perroux, F. (1981). *Pour une Philosophie du nouveau développement*, Paris, Aubier.
Perroux, F. (1973). *Pouvoir et économie*, Grenoble, Presses universitaires de Grenoble,
Perroux, F. (1961). *L'économie du XXe siècle*, Paris, Presses Universitaires de France.
Perroux, F. (1958). *La coexistence pacifique*, Paris, PUF.
Perroux, F. (1952). Note sur les coûts de l'homme, *Économie Appliquée*, 1(5), 139-150.
PNUD (2010). *Rapport mondial sur le développement humain 2012 : la vraie richesse des nations*, New York, Programme des Nations-Unies pour le développement.
PNUD (1996). *Rapport mondial sur le développement humain 1996 : La croissance économique au service du développement humain,* New York, Programme des Nations unies pour le développement.

PNUD (1990). *Rapport sur le développement humain 1990 : Définir et mesurer le développement humain*, New York, Programme des Nations-Unies pour le développement.

Pollis, A., et Schwab, P. (1979). *Human Rigths : Cultural and Ideological Perspectives*, New York : Praeger.

Pontual, V. (2018). Les réseaux Économie et Humanisme en Amérique latine, la grande famille EH, dans Loty L., Perrault J-L., Tortajada R. (sous la dir), *Vers une économie humaine? Desroche, Lebret, Lefebvre, Mounier, Perroux, au prisme de notre temps*, pp. 331-347, Paris, Hermann.

Portes, A., et Landolt, P. (2000). Social capital: promise and pitfalls of its role in development, *Journal of Latin American Studies*, 32(2), 529-547.

Prebisch, R. (1950). The economic development of Latin America and its principal problems, *Economic Bulletin for Latin America*, 7, 1-12.

Puel, H. (1989). *L'économie au défi de l'éthique. essai d'éthique économique*, Paris, CERF/Cujas.

Putnam, H. (2002).*The Collapse of the Fact/Value Dichotomy*, Cambridge, MA, Harvard University Press.

Putnam, H. (1984). *Raison, vérité et histoire*, Paris, édition Minuit.

Putnam, R. D. (1994). Social capital and public affairs, *Bulletin of the American Academy of Arts and Sciences*, 5-19.

Ravallion, M. (2010). *Troubling tradeoffs in the human development index*, Washington, The World Bank.

Ravallion, M. (2011). The human development index: a response to Klugman, Rodriguez and Choi, *The Journal of Economic Inequality*, 9(3), art. 475.

Requier-Desjardins, D. (1989). *L'alimentation en Afrique. Manger ce qu'on peut produire*, Paris, Karthala.

Requier-Desjardins, D., Boucher, F., Cerdan, C. (2003). Globalization, competitive advantages and the evolution of production systems: rural food processing and localized agri-food systems in Latin-American countries, *Entrepreneurship & Regional Development*, 15(1), 49-67.

Requier-Desjardins, D. (2010). L'évolution du débat sur les SYAL: le regard d'un économiste, *Revue d'Economie Régionale Urbaine*, 4, 651-668.

Requier-Desjardins, D., Guibert, M., Bühler, E.A. (2014). La diversité des formes d'agricultures d'entreprise au prisme des réalités latino-américaines, *Économie rurale. Agricultures, alimentations, territoires*, 344, 45-60.

Renouvier, C. (1903). *Le personnalisme suivi d'une étude sur la perception externe et sur la force*, Paris, Alcan.

Ricoeur, P. (1990). *Soi-même comme un autre*, Paris, Seuil.

Riddell, R. C. (1987). *Foreign Aid Reconsidered*, Baltimore, Johns Hopkins University Press.

Rodrik, D. (2008). *Nations et mondialisation. Les stratégies nationales de développement dans un monde globalisé*, Paris, La découverte.

Rosenstein-Rodan, P.N. (1943). Problems of Industrialization in eastern and South-Eastern Europe, *Economic Journal*, 53, 202-211.

Rostow, W.W. (1963). *Les étapes de la croissance économique-un manifeste non communiste*, Paris, Le Seuil.

Sachs, I. (2013). Plaidoyer pour l'écodéveloppement, *Revue francophone du développement durable*, 2, 5-8.

Sachs, I. (2007). *La troisième rive. A la recherche de l'écodéveloppement. Mémoires*, Paris, Bourin.

Sachs, I. (1994). Le développement reconsidéré : quelques réflexions inspirées par le Sommet de la Terre, *Revue Tiers Monde*, 137, 53-60.

Sachs, I. (1981). *Initiation à l'écodéveloppement*, Toulouse, Privat.

Sachs, I. (1980). *Stratégies de l'écodéveloppement*, Paris, Economie et Humanisme.

Sachs, I. (1978). Ecodéveloppement : une approche de planification, *Economie rurale*, 124, 16-22.

Saïd, E. (1978). *Orientalism*, New York, Pantheon Books.

Salama, P. (2006). Argentine, Brésil, Mexique: libéralisation et nouvelles vulnérabilités, *L'Économie Politique*, 4, 55-68.

Salama, P. (2002). Argentine : chronique d'une crise annoncée, Université de Paris XIII, miméo, http://www.redcelsofurtado.edu.mx.

Sauvage, P. (2018). Une pentecôte pour l'Amérique latine: La Conférence générale de l'épiscopat latino-américain de Medellin (1968), *Fronteiras-Revista de Teologia da Unicap*, 1(2), 337-352.
Sauvy, A. (1952). Trois mondes, une planète, *L'Observateur*, 4 aout, 118, 14.
Schandl, H., Hatfield-Dodds, S., Wiedmann, T., Geschke, A., Cai, Y., West, J., Owen, A. (2016). Decoupling global environmental pressure and economic growth: scenarios for energy use, materials use and carbon emissions, *Journal of Cleaner Production*, 132, 45-56.
Schlosberg, D. (2007). *Defining environmental justice: Theories, movements, and nature*, Oxford, Oxford University Press.
Schooyans, M. (1975). Théologie et libération: quelle libération?, *Revue théologique de Louvain*, 6(2), 165-193.
Sen, A.K. (2010). *L'idée de justice*, Paris, Flammarion.
Sen, A.K. (2000). A Decade of Human Development, *Journal of Human Development*, 1(1), 17-23.
Sen, A.K. (1997). Development Thinking at the Beginning of the XXI Century, dans L. Emmerij (ed.), *Economic and Social Development into the XXI Century*, pp. 531-551, Washington, DC., Inter American Development Bank.
Sen, A.K. (1987). *On Ethics and Economics*, Oxford, Basil Blackwell.
Sen, A.K. (1985). Well-being, agency and freedom: The Dewey lectures 1984, *The journal of philosophy*, 82(4), 169-221.
Sen, A.K. (1981). *Poverty and famines: An essay on entitlement and deprivation*, Oxford, Oxford University Press.
Sen, A.K. (1979). *Equality of What?, The Tanner Lecture on Human Values*, Stanford University.
Sen, A.K. (1967). The Nature and classes of prescriptive judgements, *The Philosophical Quarterly*, 17(66), 46-62.
Sepúlveda, S. P. (2018). La précarité du travail à l'ère du néolibéralisme avancé: Une analyse de l'expérience chilienne, *Emulations-Revue de sciences sociales* 28, 63-77.
Silva, D. (2014). Le personnalisme, une espérance raisonnée : personnalisme, utopie, démocratie, dans Loty L., Perrault J-L., Tortajada R. (sous la dir.), *Vers une économie humaine ? Desroche, Lebret,*

Lefebvre, Mounier, Perroux, au prisme de notre temps, pp.251-264, Paris, Hermann.
Singer, H. W. (1950). The distribution of gains between investing and borrowing countries, *American Economic Review*, 40, 473-485.
Singer, P. (1997). *Questions d'éthique pratique*, Paris, Bayard.
Sirven, N. (2007). De la pauvreté à la vulnérabilité: évolutions conceptuelles et méthodologiques, *Mondes en développement*, 4, 9-24.
Sneddon, C., Howarth, R. B., Norgaard, R. B. (2006). Sustainable development in a post-Brundtland world, *Ecological economics*, 57(2), 253-268.
Solow, R. (1993). *An almost practical step toward sustainability*, New York, Resources for the Future.
Steffen, W., Richardson, K., Rockström, J., Cornell, S. E., Fetzer, I., Bennett, E. M., Folke, C. (2015). Planetary boundaries: Guiding human development on a changing planet, *Science*, 347(6223), art. 1259855.
Stiglitz, J. (2004). The post Washington consensus consensus, *The Initiative for Policy Dialogue*, 1-15.
Stuckler, D., Basu, S. (2014). *Quand l'austérité tue. Épidémies, dépressions, suicides: l'économie inhumaine*, Paris, Autrement.
Suavet, T. (1968). *Actualité de L.J. Lebret*, Paris, Editions de l'Atelier.
Szczepanski-Huillery, M. (2005). L'idéologie tiers-mondiste». Constructions et usages d'une catégorie intellectuelle en crise, *Raisons politiques*, 2, 027-048.
Taylor, L. (1988). *Varieties of Stabilisation Experiences: Towards Sensible Macroeconomics in the Third World*, Oxford, Oxford University Press.
Togtokh, C. (2011). Time to stop celebrating the polluters, *Nature*, 479(7373), 269-269.
Torre-Schaub, M. (2020). *Justice climatique. Procès et actions*, Paris, CNRS.
Turlot, F. (2005). Le personnalisme critique de Charles Renouvier. Une philosophie française, *Revue Philosophique de la France et de l'Etranger*, 195(3), 370-371.

UNDP (2021). *Informality and social protection in African countries: a forward-looking assessment of contributory schemes*, New York, UNDP.

UNEP (2017). *Assessing Global Resource Use: A System Approach to Resource Efficiency and Pollution Reduction*, UNEP.

UNICEF (1987). *L'Ajustement à visage humain*, Paris, Economica.

Vallance, S., Perkins, H. C., Dixon, J. E. (2011). What is Social Sustainability? A Clarification of Concepts, *Geoforum*, 42(3), 342–348.

van Vuuren, D. P., Stehfest, E., Gernaat, D. E., Van Den Berg, M., Bijl, D. L., De Boer, H. S., Hof, A. F. (2018). Alternative pathways to the 1.5 C target reduce the need for negative emission technologies, *Nature Climate Change*, 8(5), 391-397.

Vásquez, I., et Porcnik, T. (2017). *The Human Freedom Index – 2017: a Global Measurement of Personal, Civil, and Economic Freedom*, Cato Institute, the Fraser Institute, and the Friedrich Naumann Foundation for Freedom.

Walsh, V. (2003). Sen after Putnam, *Review of political economy*, 15(3), 315-394.

Ward, J. D., Sutton, P. C., Werner, A. D., Costanza, R., Mohr, S. H., Simmons, C. T. (2016). Is decoupling GDP growth from environmental impact possible?, *PloS one*, 11(10), art e0164733.

Wasserman, G. (2004). De la théologie de la libération au Forum social mondial: entretien avec Chico Whitaker, *Mouvements*, 2, 161-169.

Weingaertner, C., et Moberg, Å. (2014). Exploring social sustainability: Learning from perspectives on urban development and companies and products, *Sustainable development*, *22*(2), 122-133.

Wilber, C.K., et Dutt, A.K. (2006). *New Directions in Development Ethics. Essays in Honor of Denis Goulet*, Notre Dame, University of Notre Dame Press.

Williamson, J. (1997). The Washington consensus revisited, dans Emmerij L. (ed.), *Economic and social development into the XXI century*, pp.48-61, Washington D.C., Inter-American Development Bank.

Williamson, J. (1993). Democracy and the "Washington consensus", *World development*, 21(8), 1329-1336.

Williamson, J. (1990). What Washington means by policy reform, dans *Latin American adjustment: How much has happened*, 1, 90-120.

World Bank. (2000). *World Development Report 2000/2001: Attacking Poverty*, New York, Oxford University Press.

World Bank. (2020). *Atlas of social protection indicators of resilience and equity (ASPIRE)*, Washington, World Bank.

Postface

Depuis les années 1990, le droit tutélaire des experts *sur* le développement a été remis en cause par un droit *au* développement des populations elles-mêmes. Ce renversement de perspectives conduit à rechercher une éthique du développement, au niveau de l'expert et des personnes concernées. Recherche difficile car, autant l'éthique que le développement sont des concepts polysémiques résultant de fortes oppositions entre philosophes d'une part et économistes d'autre part.

L'éthique est soit confondue avec la morale (Canto Sperber, 1996), soit en est séparée (Ricoeur, 1995). Dans ce dernier cas, elle concerne « ce qui est estimé bon » et se confond avec le développement d'une vie bonne pour soi et pour les autres. Dès lors, quatre niveaux peuvent être distingués dans l'éthique : l'éthique positive, l'éthique normative de nature téléologique, l'éthique déontologique des énoncés normatifs, enfin la déontique ou axiomatique des énoncés normatifs.

L'éthique est d'abord positive ; elle analyse les mœurs, mais aussi fixe des hypothèses sur les personnes concernées et leur environnement social. L'usage le plus simple de l'éthique économique se trouve dans la sociologie wébérienne. Dans ce cas, l'éthique recouvre des adaptations de la religion, de la morale ou de l'économie à des fins pratiques.

L'éthique peut aussi être normative, en tant que téléologie, recherche du chemin qui mène à la vie bonne. Dans ce cas, elle se confond avec le développement, ce dernier étant conçu comme un optimum dynamique. L'éthique devient déontologique avec des énoncés normatifs : obligation, permission, interdiction, exprimant des principes, règles et normes. Enfin, à un quatrième niveau, elle a trait à la déontique ou axiomatique des énoncés normatifs. On y étudie la consistance, la complétude, la décidabilité, l'indépendance des axiomes (économie du corps de règles). Elle est très dévastatrice vis-à-vis de l'étude des choix collectifs par les économistes.

Le sous-développement a, dans un premier temps, été réduit à un retard macroéconomique qui empêchait l'amélioration du bien-être. Plus

récemment, l'analyse du développement a intégré la soutenabilité, au risque de donner la priorité à l'ordre naturel plutôt qu'au changement économique et social, priorité assise sur une critique radicale de l'anthropocentrisme.
En réaction, l'éthique du développement affirme le développement humainement soutenable, qui respecte la personne, tout en tenant compte du contexte social et en préservant la nature ; ce processus étant assorti d'un principe de précaution humaine et sociale.
Ce retour à l'humain doit beaucoup à Denis Goulet, élève du père Louis Joseph Lebret. Dès les années 1960, le père Lebret produit son « économie au service des hommes ». Également en 1960, Denis Goulet écrit son article « Pour une éthique moderne du développement » dans la revue *Développement et civilisation* ; en 1984, il fonde *l'International Development Ethics Association* (IDEA).
Dans ce cadre d'analyse, la priorité n'est plus seulement d'augmenter le bien-être, mais de diminuer la souffrance humaine avec des moyens, dont il importe de reconnaître qu'ils ne sont pas bons *a priori* et dépendent du comportement des personnes. Or, la personne est, selon les termes de Ricoeur, mais aussi de Goulet, vulnérable, et donc susceptible de faillibilité ou de *fautivité*, dans une problématique « d'éthique du mal ».
L'éthique du développement humainement soutenable est positive. Les personnes ont leurs mœurs, par exemple leur mode de survie ; il convient d'observer les modes de développement pratiqués par le genre humain avant de les bouleverser. Face à une situation optimale (préférée par tous), comment justifier une ingérence sub-optimale ? Compte tenu de ces mœurs, le développement peut porter atteinte aux personnes ou à leur mode de vie. Il existe un retard inquiétant du développement humainement soutenable par rapport à la préservation de l'environnement ; particulièrement dans l'élaboration de principes de précaution. Or, l'homme est le début d'une réflexion sur la nature. Avant lui, il n'y a rien car la nature ne peut réfléchir sur elle-même. L'homme est au début de son environnement. Il est le sujet d'une relation avec une nature qu'il objectivise. Mais son statut social conditionne sa conscience : à un certain niveau, il ne peut que consommer

et au-delà il peut investir. Cet homme, capable de réflexion sur le rapport entre son existence et l'environnement, est une personne.
La personne peut, au-delà des biens, effectuer un calcul économique sur les autres et en fonction des autres. Telle est la dimension interactive ou publique du calcul économique. Telle est encore la dimension humaine du calcul économique qu'évoquait Menger (1871), mais dont il ne voyait pas l'objet « homme par rapport aux hommes », retenant seulement l'égalisation des utilités marginales des biens matériels pondérées par leur prix. Un tel calcul « entre les hommes » est posé par Marshall (1890), mais il faut attendre Becker (1974) pour que l'environnement social fasse partie des dotations « manipulables » des agents économiques. Cette capacité est en général posée dans les situations de crise : l'effondrement de l'État-Providence par exemple ou encore des contraintes très fortes sur les dotations matérielles des personnes (chômage, famines) renforcent la nécessité de jouer sur l'interaction sociale. L'anthropologie économique de la survie fait apparaître ainsi plus nettement des stratégies de transfert ou encore des pluriactivités au sein des dotations possibles des agents économiques.
Ces stratégies informelles sont importantes et déterminent des paradoxes macroéconomiques sur la base universelle des actions possibles de la personne, et non sur les particularités d'individus ou de sociétés. Ces exemples anthropologiques s'appuient sur un mode simplifié du calcul économique : les *dotations* de Debreu (1966) et leur application au sous-développement que sont les *capabilités* de Sen (1981).
La personne joue le rôle de filtre dans la relation entre la politique économique et les individus. Quel est le sens d'un tel filtre ? La communauté personnelle représente un coût, mais aussi des avantages pour toute personne. Le coût de réalisation des obligations résulte d'un équilibre personnel face à un contexte d'aggravation de sa situation redistributive ; ainsi elle devra compter sur des perturbations intergénérationnelles plus importantes et reculer son temps de jouissance de ses biens, pour une perturbation inter temporelle donnée. La personne cherche une redistribution optimale face aux contraintes grandissantes exprimées par la politique de l'État. De ce point de vue, la responsabilité, conformément aux préférences des personnes, établit une communauté donnée.

Ainsi, à cause de la personne (construite sur une responsabilité évolutive), la politique macroéconomique perd d'autant plus en efficacité qu'elle a perdu en responsabilité. Associés aux contraintes personnelles, des déséquilibres croissants s'instaurent dans la mesure où le réseau de droits et obligations est forcément déséquilibré sur le plan intergénérationnel par les restrictions sur le marché du travail, sur le marché des biens et services ou encore sur le marché financier. Ce réseau ne peut être l'objet direct d'une politique économique[1], sauf à porter atteinte à l'optimum des agents économiques. Par contre, il permet de réagir aux mesures générales de politique économique, en particulier aux mesures budgétaires, financières ou monétaires. L'anticipation est alors non seulement rationnelle, mais responsable et d'autant plus *personnelle* qu'elle aura trait à une obligation sociale lourde.

Si les principes et les contours positifs d'une éthique économique se trouvent ainsi reconnus, de multiples précisions et prolongements seront établis par les chercheurs. Les modalités du calcul sur les autres sont infinies et tant les méthodes axiomatiques (logique des choix) que les méthodes dynamiques (analyse de la stabilité des équilibres) y trouveront leur compte. Avant d'en tirer des conclusions de politique économique (ou d'incapacité à en établir), de nombreux problèmes statistiques devront être résolus, tant ces données strictement personnelles sont résistantes à l'enquête standard « légère ». Connaître la personne dans sa relation avec les autres (ses « sentiments moraux ») reste un préalable particulièrement contraignant pour tout calcul économique et, depuis Adam Smith (1759), pour tous les économistes.

L'école de pensée sur la soutenabilité humaine et sociale du développement intègre les changements intervenus depuis le personnalisme. Elle reste consciente de la soutenabilité de l'environnement naturel, mais accorde la priorité au développement humainement soutenable.

L'éthique du développement, liée à soutenabilité humaine et sociale, est une éthique issue de choix théoriques privilégiant la reconnaissance et la protection de la personne à partir d'un point de vue plus « positif », qui contraste avec les propositions très normatives du personnalisme. Cette position est très liée à Ricoeur (1992) et son « meurt

---

[1] Néanmoins, depuis 1996, les experts de la Banque Mondiale envisagent très sérieusement une politique de développement fondée sur le « capital social ».

le personnalisme, revient la personne », mais aussi intègre les résultats théoriques sur ce sujet ; telles les considérations de la théorie de l'altruisme (Becker, Barro, Buchanan) ou de la croissance endogène. Elle intègre les résultats de l'analyse économique ou statistique sans préjugé sur cette discipline. Priorité est donnée à l'analyse positive de la personne, par exemple sa vulnérabilité, avant de recourir à un propos normatif sur sa nécessaire protection et à sa possible résilience.
Tel est l'enjeu de l'éthique du développement ; la considération du sujet ou du visage de l'Autre, du même ou de l'Autre, et la part qu'il faut accorder à l'universalité et à l'altérité, sa capacité d'être et de devoir être ; c'est-à-dire lui reconnaître l'égale dignité de la personne.
La publication de l'ouvrage de Jérôme BALLET constitue, à ce titre, une contribution essentielle.

Références

Becker, G. S. (1974). A theory of social interactions, *Journal of political economy*, 82(6), 1063-1093.

Canto-Sperber, M. (1996). *Dictionnaire d'éthique et de philosophie morale*, Direction, Paris, Presses universitaires de France.

Debreu, G. (1966). *Théorie de la valeur*, Paris, Dunod.

Goulet, D. (1965). *Etica Del Desarrollo*, Editora Estela/IEPAL, Barcelona/Montevideo.

Goulet, D. (1995). *Development Ethics: A Guide to Theory and Practice*, The Apex Press, New York and Zed, London.

Lebret, L.J. (1967). *Développement = Revolution Solidaire*, Paris, Les Editions Ouvrières.

Marshall, A. (1890). *Principles of Economics*, Londres, McMillan.

Menger, C. (1871). *Fondements de l'économie politique*, Wine, Braumuller, in Gesammelte werke, Tubingen, J.C.B. Mohr, 1970.

Ricoeur, P. (1992). *Lectures 2, la contrée des philosophes*, Paris, Editions du Seuil.

Ricoeur, P. (1995). *Le Juste*, Paris, Esprit.

Sen, A.K. (1981). *Poverty and Famines, An Essay on Entitlement and Deprivation*, Oxford, Clarendon Press.

Smith, A. (2014). *Théorie des sentiments moraux* (1759), Paris, PUF, Quadrige/Philosophie.

François Régis MAHIEU

Table des matières

Structures éditoriales du groupe L'Harmattan

L'Harmattan Italie
Via degli Artisti, 15
10124 Torino
harmattan.italia@gmail.com

L'Harmattan Hongrie
Kossuth l. u. 14-16.
1053 Budapest
harmattan@harmattan.hu

L'Harmattan Sénégal
10 VDN en face Mermoz
BP 45034 Dakar-Fann
senharmattan@gmail.com

L'Harmattan Cameroun
TSINGA/FECAFOOT
BP 11486 Yaoundé
inkoukam@gmail.com

L'Harmattan Burkina Faso
Achille Somé – tengnule@hotmail.fr

L'Harmattan Guinée
Almamya, rue KA 028 OKB Agency
BP 3470 Conakry
harmattanguinee@yahoo.fr

L'Harmattan RDC
185, avenue Nyangwe
Commune de Lingwala – Kinshasa
matangilamusadila@yahoo.fr

L'Harmattan Congo
219, avenue Nelson Mandela
BP 2874 Brazzaville
harmattan.congo@yahoo.fr

L'Harmattan Mali
ACI 2000 - Immeuble Mgr Jean Marie Cisse
Bureau 10
BP 145 Bamako-Mali
mali@harmattan.fr

L'Harmattan Togo
Djidjole – Lomé
Maison Amela
face EPP BATOME
ddamela@aol.com

L'Harmattan Côte d'Ivoire
Résidence Karl – Cité des Arts
Abidjan-Cocody
03 BP 1588 Abidjan
espace_harmattan.ci@hotmail.fr

Nos librairies en France

Librairie internationale
16, rue des Écoles
75005 Paris
librairie.internationale@harmattan.fr
01 40 46 79 11
www.librairieharmattan.com

Librairie des savoirs
21, rue des Écoles
75005 Paris
librairie.sh@harmattan.fr
01 46 34 13 71
www.librairieharmattansh.com

Librairie Le Lucernaire
53, rue Notre-Dame-des-Champs
75006 Paris
librairie@lucernaire.fr
01 42 22 67 13

www.ingramcontent.com/pod-product-compliance
Lightning Source LLC
LaVergne TN
LVHW010942061026
849535LV00007B/2538
9782140494505